wir wissen
dass wir sterben müssen

wir wissen dass wir sterben müssen

Herausgegeben von Horst Nitschke

Gütersloher Verlagshaus Gerd Mohn

CIP-Kurztitelaufnahme der Deutschen Bibliothek

wir wissen, dass wir sterben müssen / hrsg. von Horst Nitschke.
ISBN 3-579-03515-0

NE: Nitschke, Horst [Hrsg.]

ISBN 3-579-03515-0

Gesamtherstellung: Mohndruck Reinhard Mohn OHG, Gütersloh
Umschlagentwurf: Dieter Rehder, Aachen
unter Verwendung eines Fotos
von Werner Stuhler, Hergensweiler/Lindau
Printed in Germany

Inhalt

Vorwort

Wissen und bedenken ist zweierlei. Wir wissen, daß wir sterben müssen. Aber wir wollen nichts davon wissen. Die meisten von uns meistens nicht. Ist es verwunderlich, ist es beklagenswert? Es kann ja nicht das Thema Nummer eins derer sein, die leben und die Dinge des Lebens bedenken dürfen. »Es hat alles seine Zeit«, »alles, was dir vor Handen kommt zu tun, das tue frisch«, ultima latet, das wissen wir, und im Blick auf sie, die letzte, verborgene Stunde darf nicht schon zuvor der Atem angehalten werden.
Hängt es nicht auch mit dieser Verborgenheit der letzten Stunde zusammen, daß wir nicht gern davon reden, vom Tod, vom Sterben? Sind dies nicht die beiden großen Intimitäten des Lebens: der Tod und die Liebe, und mit der soll man es, wie Bach meinte, heimlich anfangen? Und mag ein solcher Gedanke auch manchem heute hoffnungslos altfränkisch vorkommen, immerhin bleibt festzustellen, daß sich neben einer restlos erschöpfenden Sexualaufklärung eine gleich detaillierte Sterbeaufklärung bisher kaum durchsetzen wollte.
Das Tabu des Todes ist von anderer Art. Es fasziniert nicht, es erschreckt nur, und das verstellt uns die Schlüssellochperspektive. Die Furcht vor dem Sterben verschließt uns den Mund. Und Scheu und Furcht sind nicht ganz dasselbe. Man soll das Sterben nicht zerreden, aber es läßt sich nicht aus Furcht vor dem Tod totschweigen. Darum rät der Prediger Salomo nicht nur das carpe diem, sondern auch das »Bedenke den Tod«. Alles zu seiner Zeit. Zeit muß sein auch für das Bedenken des Sterbens. Alles hat seine Art. Und die Art, vom Sterben zu reden, kann die Scheu und die Furcht nicht vergessen.
Das sparsame Reden davon hat sein Recht. Das Bedenken ist nötig. Und es will seine Form im Wort finden. Aber das laute Wort wird hier wohl das rechte nicht sein. Eher das Wort, das man liest.
In diesem Buch ist zu lesen, wie sich einige unserer Zeitgenossen dem Bedenken des Sterbens unterzogen haben. Ich meine, stellvertretend für uns, die wir alle ungern davon wissen wollen, denen aber das Drandenken

so vielleicht leichter werden kann – sowenig das Sterben von einem an jemandes anderen Stelle zu bewältigen ist.

Ich habe auch für dieses Buch Menschen verschiedenen Denkens und Glaubens ums Wort gebeten. Ich habe nicht nur Theologen gefragt, sondern schlicht unter denen Umschau gehalten, von denen ich weiß, daß sie sich eigne, eigenständige Gedanken machen. Ich meine mich in Übereinstimmung mit Vater Luther zu befinden, der sagte, der Doktor wie der Köhler hätten sich in den Abgrund der Hölle hineingeglaubt, wenn sie, selbst auf dem Sterbebett, auf die Frage nach ihrem Glauben nichts anderes zu sagen wüßten als: Sie glaubten, »was die Kirche glaubt« (WA 30, III, 562) (weshalb die Reformatoren von der fides carbonaria, dem Köhlerglauben, sprachen). Daher scheinen mir auch die Stimmen derer sehr wichtig, die sich mit ihren Überlegungen etwas am Rande der kirchlichen Legalität oder auch außerhalb christlicher Tradition oder vertrauter religiöser Muster bewegen. Auch sie sind Zeitgenossen, Menschen, die an unserer Seite, in unserem Land leben.

Das gilt auch von jenen Zeitgenossen, deren Metier ausgewiesenermaßen die Theologie ist. *Jede* Äußerung in diesem Band ist eine theologische Äußerung, weil das Thema unweigerlich ein theologisches ist. *Alle* Autoren haben sich theologisch geäußert, und von Berufs wegen Theologe sein bedeutet nicht, in dieser Frage besser Bescheid zu wissen als andere. Schon mancher Köhler oder Metzger ist »besser« gestorben als mancher Theologe, das letzte Wort des Doktors der Theologie Martinus Luther soll gewesen sein: »Wir sind Bettler, das ist wahr«, und dies, mehr oder weniger in verbaler Übereinstimmung mit abrufbaren Sentenzen gespeicherter Tradition, genieren sich weder der theologische Herausgeber noch seine fachtheologischen Mitarbeiter einzugestehen.

Ich hoffe, daß der Leser auch ihm fremde Meinungen toleriert, wie ich gewiß bin, daß sich die alle, die hier nebeneinandergerückt sind, gut miteinander vertragen. Ich hoffe nicht, daß es allzuviel Leser gibt, die ein übers andre Mal befriedigt oder ergrimmt triumphieren, daß sie es, was das Wissen ums Sterben angeht, besser wüßten. Ich hoffe, daß es für jedermann etwas dazuzulernen gibt – und daß es möglichst vielen so geht wie mir, daß sie ein Eckchen finden, einen Beitrag, einen Satz wenigstens, der ihnen: geholfen hat. Und es ist nicht überflüssig, allen zu danken, die sich entschließen konnten, sich in dieser intimen Sache so freimütig zu äußern.

Es gibt keine Gebrauchsanweisung zum Sterben, durch das Bedenken des Todes aber werden Impulse zum wissenden Leben vermittelt, weil man, wie der 90. Psalm meint, dadurch »ein weises Herz gewinnt«. H. N.

Paul Konrad Kurz
Erinnerungen – Vorstellungen

Sechs oder sieben Jahre alt war ich, als ich mit Bewußtsein den ersten Toten wahrnahm. Aufgebahrt in seiner Kammer, auf dem Bauernhof, zwischen dunkelgrünen Topfsträuchern und brennenden Wachskerzen, die Haut wächsern, die Hände kalt, wenn man sie anfaßte, mit viel Weihwasser besprengt: mein Onkel, 28 Jahre alt, unverheiratet, scheu, mit gelegentlichen aufmerksamen Worten für mich. Ich hatte ihn lieb. Über Bauchweh hatte er geklagt. Also warme Decken – die gleichen wie für Pferde. Als die nicht mehr halfen, der Arzt geholt. Die Blinddarmoperation kam zu spät.
Jetzt an drei Abenden hintereinander das ganze Dorf in der Dorfkapelle versammelt. Fünfzig »Ave Marias« jeden Abend zu den Gesätzchen des schmerzhaften Rosenkranzes, von »Der für uns Blut geschwitzt hat« bis »Der für uns am Kreuz gestorben ist«. Das dauerte für mich eine Ewigkeit. Die Knie taten weh. Nur die brennenden Kerzen entschädigten für die schmerzliche Langeweile, ihr Flackern, ihr Tropfen. Die Stimme der Vorbeterin (deren soziales Prestige in diesen Tagen bedeutend zunahm) – die Bassisten der Männerseite – die hurtig und geschlossen einsetzende Frauenseite. Dann durften die Frauen beginnen, die Männer fortfahren. Alle Leute waren dunkel gekleidet, tief über die Kniebänke gebeugt. Stallgeruch, das Naphthalin der Mottenkugeln, schweres Bienenwachs. Laut schluchzen durften die Frauen, in sich gekehrt weinen von den Männern die nächsten Angehörigen. Andere waren zur Maske erstarrt. Zuletzt erlöste uns Kinder vom niedrigen Glockenstuhl herab die Angelus-Glocke, die jetzt Sterbeglocke war. Das Feierliche war geschafft. Das »Käppele«, eher ein Kitschladen als eine Sehenswürdigkeit, hatte wieder einmal seine Bedeutung erwiesen. Niemand zweifelte. Man kehrte befriedigt heim. Nachbarn kamen mit und gaben dem Toten mit eingetauchten Buchsbaumzweigen zum soundsovielten Mal Weihwasser auf den Weg. Der rührte sich nicht, hielt die Augen geschlossen, auch wenn ein Wasserspritzer das Lid traf, lag streng und friedlich aufgebahrt. Nachts schrie das Käuzchen. Das Unheimliche ließ sich nicht verbergen.
Als sich mit den Tagen in die Trauer schon beinahe Gewöhnung einschlich

– und Ermüdung, kam als Höhepunkt die Beerdigung. Ich hatte gehört, wie die Erwachsenen miteinander besprochen hatten, welchen Pferden die Ehre des Gespanns zukommen, welcher Bauer mit Frack und Zylinder hoch oben auf der Kutschbank sitzen durfte. Man schlief schlecht in der Nacht vor der Beerdigung, mußte früh aufstehen. Was kümmerte die Kühe und Pferde und die kleineren Vierbeiner im Stall der Tote. Und schließlich hatten Verwandte übernachtet. Die waren zwanzig und sogar siebzig Kilometer mit dem Zug hergefahren und hatten erst eine oder zwei Stunden zu Fuß gehen müssen, bis sie den Zug erreichten. Ich hatte neue Schuhe an und neue Hosen. Ich trieb mich, nicht allzu aufdringlich, aber doch mit entschiedener Neugier überall herum, wo es etwas zu sehen und hören gab. Man fand sich in der großen Stube, in der Küche, im Hausgang und vor dem Haus ein. Und dann kam er, vierspännig, schwarz poliert, mit vier vergoldeten Laternen an den vier Enden und mit einem Wagenlenker von Gardemaßen, mit weißen Handschuhen obenauf. Das war ein Totenwagen! Und nicht einmal die Trauerflore am Zaumzeug konnten verbergen, daß die herrlich glänzenden Pferde doppelt soviel Hafer bekommen hatten diesen Morgen. Und dann wurde der Totenwagen mit Kränzen behängt. Die Leute kamen aus allen Häusern und stellten sich auf mit gedämpfter Stimme. Ein für meine Augen geradezu riesiger Zug setzte sich in Bewegung in Richtung Marktflecken, wo der Friedhof war. Dann kamen der Pfarrer hinzu und die Ministranten. Und immer noch mehr Leute. Und es wurde immerfort gebetet. Und am Grab wurde mit Weihrauch und Weihwasser dem Toten weitergeholfen. Erst als die Träger den Sarg in die Erde ließen und der Mesner die Gurte hochzog, griff mir das Schluchzen meiner Mutter ins Mark. Eine Schaufel Erde besiegelte die biblische Gemeinsamkeit des Toten mit aller Kreatur. Die lateinische Liturgie nahm ihren Lauf mit viel »Lux aeterna luceat ei« und »Requiescat in pace«. Weit ausgreifend, als wär's ein trojanischer Held gewesen, rühmte der Pfarrer in weißer Albe mit Stola und Rauchmantel den Lebenslauf des Verstorbenen und wußte zu guter Lezt teilnehmend und gelassen den Trost unserer »katholischen Religion« einzusetzen. Zuletzt ein »Vaterunser für das Nächststerbende aus unserer Mitte«. Weil man nicht wußte, ob es ein »er« oder eine »sie« sein werde, sagte man vorsichtshalber »das«. Und da ging noch einmal jeder in sich, denn jeder wußte, daß er sterben mußte. Der prozessionale Abschied vom Grab mit Beileidsbekundungen für die Angehörigen und Weihwasserbesprengungen für den Toten dauerte nochmals eine halbe Stunde. Hernach sagte jedermann, »es war eine schöne Leich«.

Der Übergang zum letzten Akt geschah mit einer gewissen Eile. Der knurrende Magen ließ keinen Zweifel, welche Stunde inzwischen geschlagen hatte. Im Gasthof »Krone« (mit eigener Brauerei, wie jedermann wußte) stand das Totenmahl bereit. Das Schweigen löste sich; die Magennerven beruhigte das Bier. Man sah den Vetter, das Bäsle, die »Gotte« und den »Götte«, verschwisterte und verschwägerte Onkel und Tanten, erzählte sich von Kindern und Kindeskindern, von Taufen, Schulabgängen, Heiraten, von Kühen, Äckern und Pferden nach Zahl, Maß und Gewicht. Man durfte weiter leben. Eine souveräne Regie überspielte die Trennung von

dem Toten. Die weltliche Liturgie nach der geistlichen. Hätten die Leute nicht alle Schwarz getragen, ein Fremder wäre nicht sicher gewesen, ob es sich nicht um einen Hochzeitsschmaus gehandelt hätte. Am späten Nachmittag mußte man sich trennen bis zur nächsten Geburt, Heirat – hoffentlich nicht Beerdigung. Aber jeder wußte, daß er damit rechnen mußte. Denn der Tod gehörte ebenso zum Leben wie die Geburt.
In den nächsten Tagen meine wiederholte Frage: »Mutter, wohin ging der Onkel?« Die Antwort bot »den lieben Gott« auf. Einsilbig wurde die Mutter, als ich mit der »Warum«-Frage nachsetzte und schließlich mit der Zumutung: »Wann kommt er wieder?«
Vergleichbares hatte vierzig Jahre später unser vierjähriger Sohn gefragt, als wir im Urlaub an der Schwarzmeerküste am Strand unvermittelt auf einen Ertrunkenen stießen. Wir dachten, der Sturm hätte einen großen Fisch auf den Sand geworfen, folgten unserer Neugier. Auf fünfzig Schritt, kaum daß wir den Sachverhalt wahrnahmen, schrie unser Vierjähriger auf und war, trotz entschiedenster Ablenkungsversuche unsererseits, nicht zu beruhigen. Er hatte gesehen, daß es ein Mann war, begriffen, daß der Mann tot war. Das Ereignis des Todes traf ihn unvorbereitet, plötzlich. Sein Erschrecken war elementar. Der Tod paßte nicht in die Urlaubs- und Erholungswelt. Die Strandnachrichten verschwiegen ihn. Aber noch heute, nach einem ganz anderen Urlaub, spricht unser Kindergartenbub von diesem Toten. Auch er hatte gefragt: »Wohin geht der Mann, wenn er tot ist?« Ich wollte zu einer langen Rede ansetzen. Da sagte er von sich aus: »Ich weiß, der geht in ein anderes Land.« Und dann entwickelte er eine fast vollständige mythische Totenvorstellung. Carl Gustav Jung hätte an seinem kleinen Zeugen Freude gehabt.
Zurück in die eigene, zweite Begegnung mit dem Tod. Es war acht oder neun Jahre nach der Beerdigung des Onkels. Ich war fort aus der oberschwäbischen Heimat, in einem Internat in der Nähe Stuttgarts, mitten im Krieg. Immer häufiger kam die Nachricht vom »Heldentod« eines älteren Mitschülers. Wir mußten jedesmal antreten, in Uniform, auch die Lehrer. Mit grimmer Entschlossenheit verkündete im SS-Gewand, im Schulhof vor der germanischen Linde, der Schulleiter: »Gefallen für Führer, Volk und Vaterland . . .«. Es folgten Name, Datum, Ort, Umstände, soweit bekannt, die Ankündigung der Totenfeier mit nächtlicher Totenwache. Nur unwesentlich unterschied sich der Orgelklang im Festsaal von jenem in der Kirche. Anstelle des teilnehmenden Pfarrers kaute der Schulleiter heroische Gesinnung. Dazwischen mußten wir unsere Gelöbnisse und Sprüche aufsagen. Wie das Vaterunser bei den Christen kehrte in dieser pathetischen Welt ein Edda-Spruch wieder. Noch heute habe ich ihn in den Ohren. Nur moralisch und stimmlich überdurchschnittliche Schüler durften ihn sprechen. Verhalten mußten sie beginnen, dann den Ton ansteigen lassen, nach jeder Spruchzeile eine Pause, vor der letzten eine ganz große:
»Besitz stirbt. / Sippen sterben. / Du selbst stirbst wie sie. // Doch eins weiß ich, / das ewig lebt: / Der TOTEN TATENRUHM.« Nachts standen wir in »Habt-Acht-Stellung« an der Kopfseite des Saales, zu zweit, eine gewisse Büste in der Mitte, unter gesenkten Fahnen, standen jeweils eine halbe

Stunde fröstelnd, vergattert auf »stolze Trauer«, aber eigentlich irritiert. Keiner von uns wollte sterben. Aber das mußte jeder für sich behalten.
Einst die mythische Welt des Dorfes. Jetzt die mythische Welt des »Dritten Reiches«. Wir waren auf Jungborn und Quickborn getrimmt. Der andere, der sich an unsere Fersen heftete, widersprach der Botschaft.
Sehr viel später erst erfuhr ich von Brecht, daß er sich als 17jähriger geweigert hatte, den patriotisch mißbrauchten Horazspruch »Dulce et decorum est pro patria mori« im Aufsatz gutzuheißen. Als er das Aufsatzthema als »Zweckpropaganda« und die Süßigkeit des Todes als baren Unsinn entlarvte, sollte er von der Schule verwiesen werden. Nochmals später las ich Bölls Kurzgeschichte »Wanderer, kommst du nach Spa ...«. Ein junger Verwundeter erkennt arm- und beinamputiert das Reservelazarett als seine alte Schule. Die Millionen-Morde und die Ideologie der Schule. Ein deutsches Kapitel.
Real mit sechzehn und siebzehn Jahren die eigenen Erfahrungen. Bei der Flak: Einundzwanzig Mitschüler kehrten nach einem Angriff amerikanischer Bomber in Friedrichshafen nicht mehr zur Schulbank zurück. In den letzten Märztagen 45 mit Panzerfäusten gegen amerikanische Panzer. Die Schreie der Getroffenen. Im Lazarett in Frankreich, als sie den schweigsam gewordenen Nachbarn hinaustrugen. Traf mich Ulf Miehes Satire »Eine Sorte von Vätern«? Mit »Bauchschuß, Bluterbrechen / total vergessen nach zwanzig Jahren – / nur für den Stammtisch / Panzerabschüsse parat«? Weder Vergessen noch Stammtisch.
Aber nach der Gefangenschaft keine Zeit zum Sterben. Als gehörte ER nicht mehr dazu. Später Versuche des Novizenmeisters (er war vier Jahre im KZ Dachau gewesen), uns Heimgekehrten in den »Geistlichen Exerzitien« mittels barocker Gemälde und mystischer Verinnerlichung den Tod nahezubringen, den kreatürlichen Stolz zu brechen, den Imperativ einer Handlungsweise einzuüben, die vor dem Tod bestehen konnte. Wir zweifelten nicht, daß es ihn gab, verstanden nur nicht seine Kriterien. Wir lechzten nach Leben. Später kam auch für uns der Leistungsdruck hinzu. Dann verunglückten siebzehn meiner ehemaligen Mitnovizen auf einem Lastwagen an einem unbeschrankten bayerischen Bahnübergang. Sie waren auf dem Weg zu einer Wallfahrt zur Hl. Hedwig nach Andechs. Die meisten von ihnen stammten aus Oberschlesien. Ich weilte zu dieser Zeit in Irland, wo tausend Jahre alte Mönchsfriedhöfe zu den größten Baudenkmälern des Landes gehören. Soviel »memento mori«.

Zuvor und später literarische Vorstellungen. Rilke: »O Herr, gib jedem seinen eignen Tod«: »Der große Tod, den jeder in sich hat, / das ist die Frucht, um die sich alles dreht.« Rilkes Requiem für Paula Modersohn-Becker, sein Requiem für Wolf Graf von Kalckreuth, sein Requiem auf den Tod eines Knaben. Dann Hermann Broch, »Der Tod des Vergil«, der große innere Monolog, die abendländische Rückschau auf die Kunst am Ende einer Epoche, die Forderung, daß Dichtung durch Erkenntnis des Todes beitragen müsse zur Erkenntnis des Lebens.
Und dann in schneller Folge der Tod schon im literarischen Titel: Thomas

Manns »Tod in Venedig«, Arthur Millers »Tod eines Handlungsreisenden«, Evelyn Waughs »Tod in Hollywood«, Will Cathers »Der Tod kommt zum Erzbischof«, Wolfgang Koeppens Roman »Der Tod in Rom«. Jüngst Koeppens »Thanatologie« für Max Tau. Peter Handkes Bericht vom Selbsttod seiner krebskranken Mutter als »Wunschloses Unglück«: »Als ich im letzten Sommer bei ihr war, fand ich sie einmal auf dem Bett liegen, mit einem so trostlosen Ausdruck, daß ich ihr nicht mehr näherzutreten wagte. Wie in einem Zoo lag da die fleischgewordene animalische Verlassenheit. Es war eine Pein zu sehen, wie schamlos sie sich nach außen gestülpt hatte; alles an ihr war verrenkt, zersplittert, offen, entzündet ...«, Kurt Martis »Leichenreden«.

Die Literatur ist voller Tode. Shakespeares Dramen, Goethes »Faust«, Büchners »Danton« und »Woyzeck«, die ganze abendländische Tradition der Tragödie, Dostojewskis Romane, Gogols »Tote Seelen«, Hemingways »Tod am Nachmittag«. Becketts ganzes Werk läuft auf den Tod zu. Die Totengespräche des Lukian, ihre französischen Nachahmungen bei Fénelon und Fontenelle bis zu den Epitaphen der Nelly Sachs. Die Tode der Dichter. Bachmann, Büchner, Celan – um mit dem deutschen Alphabet zu beginnen. Nur die Ideologen unter den Schriftstellern haben durch ihre Programmatik die eigene Todeserfahrung verstellt. Die Schwäche des Sprachmeisters Bert Brecht.

Theologische und philosophische Werke über den Tod auch in jüngster Zeit. Von Karl Rahner und Ladislaus Boros bis Arnold Metzger (»Freiheit und Tod«) und Paul Ludwig Landsberg (»Die Erfahrung des Todes«). Unvergessen die Betrachtungen Alfred Delps, ehe er am 2. Februar 1944 in Berlin-Moabit hingerichtet wurde. »Im Angesicht des Todes«, viele Zettel auf Klopapier geschrieben und dem Gefängnisgeistlichen zugesteckt.

Wie war es möglich, daß eine Gesellschaft, unsere Gesellschaft, über zwanzig Jahre den Tod tabuisierte? Seit einiger Zeit aber, angeheizt durch die Boulevard-Zeitungen, ist der Tod »in«. Früher war er da. Dann sollte er nicht mehr da sein, im totalitären »Dritten Reich« ebenso wie in der totalen Produktionsgesellschaft. Was sind das für Ideologien, die den Tod verdrängen? Was ist das für eine Welt, die mit Humanitätspathos in ihren öffentlichen Reden auftritt und durch ihr ebenso öffentliches Verhalten den Tod negiert? Voltaire: »Der Mensch ist das einzige Lebewesen, das weiß, daß es sterben muß.« Zumindest partiell ver-rückt muß das Bewußtsein einer Gesellschaft sein, die den Tod bald als »out«, bald als »in« deklariert.

Hektik verdirbt die mögliche eigene Erfahrung. Ein immerwährendes Totengedenken stiften die Dichter. Aber wer hat Zeit zum Lesen? Wer nimmt sich Zeit zum Lesen?

Jürg Kleemann
La Roche sur Buis

Was mir einfällt, sind Bilder. Meist in schwarzweiß: schwarze Anzüge, mein Talar, weiße Kittel, Hemden und Betten. Ein Gesicht auf einem Kissen, Krankenzimmer, das dunkle Krematorium, Särge. Momentaufnahmen, zu denen ganze Geschichten gehören.
Was mir schwer oder gar nicht einfällt, sind Worte. Es gelingt mir nicht, meine Erinnerungsbilder zu übersetzen. Mit jedem Wort werden sie nichtssagender, verlieren ihre Einmaligkeit. Versuche ich, die Erfahrungen zu beschreiben, die sie mir zeigen, so erscheinen sie mir leer und banal. Wie kann ich meine Bilder vor dem Jedermannwissen schützen, das die Sprache bereithält? Oder zeigen sie nur scheinbar mehr her, als ich zu sagen vermag? Auf diese Fragen bringt mich meine Absicht, eines meiner Lieblingsbilder zum Stichwort »Sterben« vorzuführen. Es ist noch neu, nicht aus meiner Berufswelt. Herrlich bunt, wie für einen Reiseführer, fasziniert es mit den Farben des Herbstes und einem südlichen Himmel. Häuser aus unbehauenem, bloßem Stein sind zu sehen, dort ein blauer Fensterladen, da eine gelbe Kastanie, Wäsche dazwischen und Hühner. Fast lotrecht darüber auf einer Felsnase die Ruine. La Roche sur Buis. Ein Dorf wie viele in der Haute Provence. Erst der Blick aus seinen Gassen hinauf zur Burg nimmt dort oben einen seltsamen Metallschimmer wahr. Ein riesiges Spinnweben aus Maschendraht umhüllt Fels und Mauerwerk. Jeden Augenblick können sie hinunterstürzen und das Dorf erschlagen. Zwar hatte der Gemeinderat sie für tausend Franc »verkauft«, und der neue Eigentümer hatte sofort mit Reparaturen begonnen. Aber die Sanierung bewirkte das Gegenteil. Es kam jener Vormittag während der Regenfälle im letzten Oktober. Die Kinder waren eben in ihr Klassenzimmer zurückgekehrt, da schlug ein riesiger Felsklotz in den Schulhof. Seither spricht man wieder von Evakuierung. Das Sickerwasser im Fels arbeitet weiter.
Aber noch ist mein Bild nicht vollständig. Unter der Burg liegt mitten im Ort der Friedhof. Schon im Schatten, läßt er kaum noch Konturen erkennen. Überall wuchert Unkraut und Brombeergestrüpp. Es verbirgt die verwitterten Grabtafeln und rostigen Blechkränze. Ein helles Emailleschild weist auf

ein frisches Grab. Keine geschnittenen Hecken, keine rechtwinkligen Kieswege. Nur die Kapelle zieht eine unübersehbare Grenze. Ihre dicken Mauern machen sie immun gegen den Verfall ringsum. Neben dem Portal ist ein Strick festgeknotet, um die Glocke im Dachreiter zu läuten. Nirgendwo eine Andeutung, daß die Leute hier den Tod täglich vor Augen haben, es besser wissen. Nichts unterscheidet Friedhof und Kapelle von anderen im Lande. Beides Instrumentarium eines Wissens, das sichtbar aus dem Gebrauch gerät. Ein Wissen, das auch Können war, das Gesten bot und Symbole, Rollen und Berufe. Dieses Wissen vom Sterben war brauchbar, um sterben zu können und mit Sterbenden umzugehen, aber auch mit den Toten. Es war nachvollziehbar durch vielfältige, auch einfältige Rituale und Rezepte.

PASSANTS, PRIEZ POUR NOUS
VIVANTS, PENSEZ A VOUS.

VORÜBERGEHENDE, BETET FÜR UNS
LEBENDE, DENKT AN EUCH.

Wer immer das gemalt hat, er kam längst zu spät. Die Buchstaben blättern ab. Was immer sie verraten an zweideutigem Wissen, dem Dorf war es nicht mehr der Mühe der Erhaltung wert: weder als Drohung des göttlichen Gerichts, von einer infamen Kirche zu eigenem Vorteil verkündigt; noch als epikuräische Verlockung des Lebensgenusses zum Nutzen der neuen Machthaber.
Was aber wissen die Leute hier dann wirklich vom Sterben?
Können sie mit ihren Erfahrungen etwas anfangen? Wissen sie es besser mit der ständigen Bedrohung vor Augen? Sie seien sehr mißtrauisch und verschlossen, berichten meine Verwandten.
Ich jedoch schaue mit zunehmendem Zweifel auf mein Bild. Sagt es und zeigt es wirklich mehr, als mir und den Leuten in La Roche sur Buis schon die Logik sagt? Nämlich: alle Menschen sind sterblich. Du bist Mensch. Folglich bist du sterblich. Kann ich dieses Ergebnis mit irgendeinem Bild, einem Erlebnis, einer Erfahrung ungültig machen? Im Gegenteil: wozu denn schauen, wozu erleben? Hat doch dieses Wissen vom Sterben seine Gültigkeit in sich: Der Mensch ist per definitionem sterblich. Ganz logisch. Ganz unlogisch bleibt dann allerdings dies: »Vorübergehende, betet für uns.« Wie kommt einer auf solche Gedanken? Was fällt ihm ein? Was sieht er? Das Bild, das er vor Augen hat, möchte ich eines schönen Tages noch sehen!

Christine Brückner
Jetzt und in der Stunde unseres Todes

Vom Tod der Filomena

Seit Jahren schon ist Filomena krank, das wissen alle: Diabetes, es liegt in der Familie, heißt es. In regelmäßigen Abständen läßt sie sich Insulin spritzen.

Filomena kocht bei Hochzeitsfeiern, sie wäscht, bügelt, flickt, mal hier und mal dort. Wenn man Hilfe braucht, geht man zu Filomena. Sie hat ein Zimmer im Haus des Bruders, da wohnt sie für sich allein, unverheiratet, alternd, inzwischen zweiundsechzig Jahre. In der Familienhierarchie steht sie weit unter der jungen Schwägerin Luzia.

Eines Morgens bleibt die Tür zum Höfchen geschlossen. Die Schwägerin sieht nach Filomena, Cousinen kommen, Nachbarinnen. Sie stehen um das Bett der Kranken, nehmen für kurze Zeit Platz, verweilen dann noch ein Weilchen im Hof und besprechen untereinander die Krankheit. Das Insulin hilft nicht mehr! Filomena wird sterben! ›Coma diabeticum‹ hat der Doktor gesagt. Die Frauen gehen ein und aus, jede gibt dem Oleander und dem Hibiskus Wasser, die Blumenstöcke stehen bereits in Pfützen, trotz der Augusthitze. Zu tun gibt es nichts, die Kranke verlangt nur zu trinken. Am Abend des sechsten Tages verkündet die Schwägerin den Frauen: Filomena liegt in Agonie. Die Stube wird gefegt, Stühle herbeigetragen, die Laken glatt gezogen. Von nun an bleibt die arme Seele keine Minute mehr allein. Am Tag kommen die Frauen, sitzen im Halbkreis um das Fußende des Bettes, lassen den Rosenkranz durch die Finger gleiten, murmeln ihre Gebete. Jetzt und in der Stunde unseres Todes . . .

Sie unterhalten sich flüsternd, sie sehen sich nicht oft, eine Frau gehört ins Haus, hat ja immer zu tun. Wenn die Nacht anbricht, verschwinden die Frauen, eilen durch die Gassen. Jetzt kommen die Männer. Die Brüder, die Vettern, die Schwäger der Filomena. Kein Mann hat die Schwelle ihres Zimmers übertreten, seit ihre Mutter mit ihr im Kindbett lag. Alle sagen es, wieder und wieder: Sie war eine brave Frau. Eine Signorina, eine Jungfrau! Jetzt drängen sich die Männer, stehen unter der Tür, jeder kann sie im Mondlicht das Höfchen durchqueren sehen, sie rauchen, werfen die Stummel in die Oleanderkübel, rücken den Stuhl so weit weg vom Röcheln der

Sterbenden wie nur möglich, sitzen breitbeinig da, blicken auf das Stück Steinboden zwischen den Knien. Sie reden nicht. Sie beten nicht. Sie halten nur die Wache, wie es die Sitte verlangt, sitzen zwei und drei Nachtstunden lang, dann lösen andere Vettern sie ab. Wenn der Morgen graut, bringt eine Nachbarin süßen dampfenden Kaffee. Das geht so noch einmal drei Tage, zwei Nächte, dann tut Filomena den letzten schweren Atemzug. Kein Wind weht von Meer her, die Nacht ist schwarz, der Mond noch nicht am Himmel.

Am frühen Morgen verkündet es die Totenglocke. Auf der Piazza am Hafen klebt ein Plakat, über Nacht gedruckt. Unter gekreuzten Palmwedeln ist zu lesen, daß unsere liebe Filomena in der Nacht um elf Uhr gestorben ist. Antonio und Familie, Fernando und Familie, Giuseppe und Familie zeigen das an. Am Donnerstag morgen um neun Uhr wird in der Kirche die Totenmesse für sie gelesen werden.

Einer der Brüder lebt in Genua; bevor er nicht eingetroffen ist, kann Filomena nicht begraben werden. Er ist der Älteste der Geschwister. Die Fremden stehen vor dem Plakat und studieren es. Auf der Piazza bleibt die Bar und auch das Restaurant geschlossen.

Die Tür zu Filomenas Zimmer ist weit geöffnet, ebenso die Pforte zum Höfchen. Alle Nachbarn kommen auf die Länge eines Gebetes. Kerzen brennen zu ihren Häupten und zu ihren Füßen. Eine zweite Stuhlreihe muß aufgestellt werden. Filomena liegt mit gefalteten Händen, ein Zweiglein vom Ölbaum zwischen den Fingern. Ihr Gesicht verändert sich von Stunde zu Stunde, wird gelb, wächsern, verjüngt sich. Sie war schön, keiner hat das vorher gesehen.

In der letzten Nacht sitzen nur noch drei Männer an ihrem Totenbett, nahe der weitgeöffneten Tür. Der Duft von Ambra und Myrrhe steigt aus dem Höfchen auf, schon seit zwei Tagen. Luzia hat Räucherschalen aufgestellt und verbrennt dürre Macchiazweige darin. Der fade süße Geruch der Verwesung ist stärker.

Am Donnerstag morgen ist der Torbogen des Trauerhauses mit glänzendschwarzer Seide drapiert, goldene Fransen zieren die Säume. Die Fremden, auf dem Weg zum Strand, werfen einen Blick in den Hof. Türhohe Blumengestecke lehnen an der weißgekalkten Hauswand. Auf Palmwedel gesteckt: Gladiolen, Geranien, Dahlien. Im August duften die Blumen nicht mehr; die Glut ihrer Farben ist gelöscht. Auf den weißen Papierschleifen steht zu lesen, daß Antonio und Giuseppe und Fernando und ihre Familien um Filomena, ihre liebe Schwester und Schwägerin, trauern. Die Fremden gehen weiter, nacktbeinig, ziehen die Schultern zusammen, frösteln plötzlich, überqueren die Piazza, die verödet unter der Sonne liegt, und gehen zum Strand.

Unter der Tür steht Antonio, der älteste Bruder, der aus Genua, um sieben Uhr ist er mit dem Boot eingetroffen. Er begrüßt die Verwandten, küßt sie auf beide Backen. Die Frauen versammeln sich im Höfchen, die Männer in den umliegenden Gassen. Sie tragen dunkle Hosen, die Manschetten der weißen Hemden haben sie umgeschlagen. Die Sargträger kommen. Dann der Pfarrer, die Meßdiener.

Der hölzerne Sarg ist zu schwarzem, rotgeädertem Marmor verschönt. Vom Berg herunter läutet die Totenglocke. Der Zug ordnet sich, die Reihenfolge der Trauernden ist in Jahrhunderten eingeübt. Langsam geht es den Berg hinauf. Durch Sonne und Häuserschatten, über Treppen und durch kühle Arkadengänge, es führt keine Straße zur Kirche, die hoch auf dem Berg liegt. Ein Esel, mit Reisigbündeln bepackt, versperrt den Weg, muß umkehren. Heute ist Filomena die Erste. Die Fremden, mit dem Badezeug unterm Arm, drücken sich gegen die Hauswände, raffen die Blusen überm Bikini zusammen.
Der Weg ist steil, der Schweiß fließt von den Stirnen. Endlich erreicht der Trauerzug die Kirche. Links hinter der bröckelnden Mauer der Friedhof, rechts ein Weinberg, dazwischen die Kirche mit der wasserblauen Fassade. Und rundum Himmel und Meer, deren Bläue ineinanderfließt. Die Männer bleiben im Schatten der Kirche zurück; für diesen Morgen wird der Kirchhof zur Piazza.
Drinnen wird nun der Sarg vorm Altar abgestellt, die Blumengestecke schön geordnet. Ein Requiem zum Heil der Seele Filomenas! Der kleine Chor schmettert aus voller Kehle, als wären es dreißig und nicht drei Stimmen. Con voce forte! Weihrauch steigt auf, kräuselt sich über der Madonna des Altarbildes. August, der Tag, an dem man die Himmelfahrt der Mutter Gottes feiert. Das Meer auf dem Altarbild so blau wie das Meer, das die Insel umschließt, die Bucht, der weiße Strand und am steinigen Berg die bunten Häuserwürfel: alles ist auf dem Altarbild dargestellt. Außerdem der heilige Michael, Schutzpatron des Dorfes, gekleidet wie ein Jäger, die Schnur mit den aufgereihten Vögeln am Gürtel; sein Hund umspringt ihn, ein Jagdhund mit blankem braunem Fell, wie sie noch immer durch die Gassen streichen. Und über allem, auffahrend in den Himmel, getragen von Engeln und mit einer Girlande von Engelsköpfen umkränzt, die Heilige Jungfrau. Die Auferstehung findet heute statt, am Ort, wo man lebt, wo man stirbt. Jetzt und in der Stunde unseres Todes . . .
Oratio, Epistula, Graduale . . . Draußen schreien die Zikaden. Der Mann aus dem Touristenbüro sitzt an der Orgel, spielt vom Blatt, doch nicht nach den Noten, sondern nach dem Text. Auch seine Tür bleibt heute geschlossen. Die Spitzen an der Soutane des Pfarrers zerschlissen, Schweiß rinnt ihm von der Stirn in einer Runzel zum Kinn, sammelt sich dort mit anderen Schweißbächen. Er hält die Augen geschlossen. Er ist alt und müde. Sein Kaplan wendet die Augäpfel gen Himmel, das Weiß schimmert bläulich, seine Haut ist wie Zimt, das Haar lockt sich ihm schwarz und glänzend, der schmale weiße Kragen liegt eng um den kräftigen Hals. Seine Andacht ist sinnlich, er steht vorm geschmückten Altar, als hätte er zehn Jahre auf einem Fresko in Assisi verbracht, als hätte er nicht am frühen Morgen schon Fußball mit den Meßjungen am Strand gespielt.
Tractus: Laß sie genießen des ewigen Lichtes Glückseligkeit!
Das geht eine Stunde, zwei Stunden. Psalmen und Responsorien. Die Männer draußen vor der Kirche werden ungeduldig, rauchen, werfen nach wenigen Zügen die Zigaretten über die Mauer. Die Frauen schieben das Spitzentuch aus der feuchten Stirn, fächeln sich mit dem Taschentuch einen

kühlenden Lufthauch zu, gehen zur Kommunion und bedenken das Heil der eigenen Seele.
Dann hat es ein Ende, dann geht alles rasch. Der Friedhof ist zu klein für die Trauergemeinde, man stellt nur den Sarg noch ab. Geranienhecken überwuchern die Gräber und die blechernen Kreuze, die rosten. Staub und Meeressalz liegt in Krusten auf den grauen Blättern. Man hat keine Zeit, für die Gräber der Toten zu sorgen, man hat für das Heil ihrer Seele gebetet, das ist genug. Man muß arbeiten, muß Geld verdienen, schlimm genug, daß die Bar und das Restaurant von Fernando und Giuseppe drei volle Tage und auch heute noch bis zum Abend geschlossen bleiben müssen. Die Schaukeln und Tische haben sie hereingeholt; es würde sie zu sehr kränken, wenn die Fremden in den Schaukeln Platz nähmen, ohne auch nur einen Espresso oder ein Gelati zu verzehren.
Die Toten drängen sich auf dem Friedhof, der nicht halb so groß ist wie die kleine Piazza am Hafen. Die ewige Ruhe währt hier nicht lange, die Toten müssen ihren Platz bald räumen für die nächsten Toten. Jenseits der Friedhofsmauer liegt kostbares Bauland.
Filomenas Geschwister haben sich neben der Friedhofstür aufgestellt, sie drücken Hände, lehnen die schweißnasse Wange an eine andere tränennasse Wange, sie murmeln: Die arme Filomena! Die gute Seele, sie ruhe in Frieden.
Kein Leichenschmaus. Kein fröhlicher Umtrunk. Die Tür zu Filomenas Zimmer verschlossen, Oleanderstock, Hibiskus und Lilien weggeräumt. Gegen Abend wird die schwarze Draperie entfernt. Im nächsten Sommer wird Luzia das Zimmer an die Fremden vermieten. Fernando und Giuseppe räumen noch am selben Abend die Stühle und Tische wieder auf die Piazza und kleben ein neues Plakat über das erste, auf dem sie für die Teilnahme am feierlichen Requiem für ihre liebe Schwester und Schwägerin Filomena danken.

Simon Gerbert
Abschied vom Père-Lachaise

Mutter sprach in gewähltem Französisch. Noch auf dem Bahnsteig gab sie dem Sohn den Rat, ja in Paris den Père-Lachaise zu besuchen. Mutter sagte weiter: Aber auch Heinrich Heines Grab auf dem Cimetière Montmartre solltest du visitieren. Immerhin eine Überraschung für den in den Krieg ziehenden Sohn, denn Mutter sympathisierte damals noch mit ihrem Landsmann Hitler. Heinrich Heine war also eine heimliche, unstatthafte Liebe. Untreue war das, dem nationalen Über-Ich gegenüber. Mutter sagte, er, der 1941 in den Krieg ziehende Sohn, solle ein paar Blumen auf das Grab Heinrich Heines legen. Für den Père-Lachaise zählte sie ein Bildungsprogramm auf, das zurückreichte bis zu den Gräbern des unsterblichen Liebespaares Abälard und Heloise. Mutter ließ keinen Zweifel daran, daß wir Frankreich siegreich schlagen würden. Der Sohn bekomme also Gelegenheit, nicht nur Paris, sondern auch den Père-Lachaise zu besichtigen.

Daran mußte der Sohn denken, als er dreißig Jahre nach dem Desaster wiederum in Paris eintraf. Die greise Mutter am Arm, betrat er, vom Place de la Republique kommend, durch einen Seiteneingang den Friedhof. Er verspürte den Schock der Erinnerung, jenen schwer zu definierenden Ruck im Gemüt.
»Ist dir kalt?« fragte die Greisin. Sie hatte an seinem Arm die Bewegung gespürt, obwohl seit Jahren der Parkinsonismus ihre Extremitäten erzittern ließ.
Es war für diese Jahreszeit ein recht kalter Tag. Anfang Oktober verhieß für Paris immer noch warmes Wetter.

Damals im Spätsommer 41 lag die Stadt unter einem tiefblauen Himmel. Preußisch blau, hatte er in Erinnerung. Blau auch war seine Uniform, die er als Luftwaffensoldat trug. Karl war bei ihm, der Landwirtssohn aus Norddeutschland. Zwei zu zwei hatten sie zu gehen, mit der Knarre über der Schulter, den Stahlhelm an der Patronentasche.
Karl hatte kein Interesse für die Anhäufung von Gräbern. Eine beschissene

Gegend, war sein kurzer Kommentar. Nur weil sein Kamerad ihm versprochen hatte, anschließend ein Wehrmachtspuff aufzusuchen, war Karl bereit, die Gräber von Abälard und Heloise in Augenschein zu nehmen.
Der Sohn befolgte den in französischer Sprache gegebenen Rat der Mutter. Brav absolvierte er das aufgegebene Bildungspensum. Zuerst die Klassiker der Sprache und der Musik. An Chopins engelbestandenem Grab machte er einen halbherzigen Versuch, Karls Neugierde zu wecken: Weißt du, er komponierte großartige Klaviermusik. Als er starb, war er so berühmt, daß Frankreich seinen Körper bekam; sein Herz schnitten sie ihm aus der Brust, die Polen beanspruchten es.
Scheißpolacken, sagte Karl trocken.
Bei den Marschällen Frankreichs entdeckte Karl die Katzen und Ratten. Es hätte nicht viel gefehlt, und er hätte die Knarre an die Kinnbacken gerissen, um durch die Gegend zu ballern.
Mann, bist du verrückt?
Überraschungsangriff aus der Flanke, antwortete Karl lakonisch. Da wäre astrein eine Sondermeldung fällig. Deutscher Soldat erledigt hundert Katzen und Ratten auf Pariser Friedhof.
Beim Anstieg zur Pagode von Sarah Bernhardt streikte Karl. Er setzte sich auf einen umgestürzten Grabstein und begann andächtig, die Marschverpflegung aus dem Brotbeutel zu langen.

Warum lachst du? fragte die Mutter.
Ach, nichts von Bedeutung. Damals rannte ich wie ein Wiesel zwischen den Gräberfeldern umher. Auf jede Entdeckung war ich stolz. Keinen durfte ich ja auslassen: Lafontaine, Balsac, die Rothschilds. Karl dagegen, mein Kriegskamerad, wollte Jagd auf Katzen und Ratten machen. Später hat es ihn dann selber erwischt. Beim Honigklauen an den Masurischen Seen bekam er den Heimatschuß, nicht den gewünschten, sondern den endgültigen, verstehst du? Steht an einem Bienenstock, leckt sich an der Wabe Hände und Gesicht klebrig, und ab geht's in die ewigen Jagdgründe.
Sohn, wie du redest. Er ist gewiß gefallen.
Aber natürlich doch, ein süßer Tod.
Über Paris lag ein grauer Dunstschleier. Die Sonne war den ganzen Tag noch nicht hervorgekommen. Ein kalter Wind strich durch das welke Laub der Bäume. Kein Wunder, daß kaum Touristen zu sehen waren. Ein Abbé mit wehender Soutane, den Gräberplan in der Hand, rannte an den Karrees entlang, hinter sich eine Schulklasse herziehend. Aus Kofferradios plärrte Musik. Die Schülerinnen kauten den obligaten Kaugummi. Einige pumpten immer wieder die helle Masse blasenartig zwischen den Lippen hervor und ließen sie mit einem trockenen Knall zerplatzen.
Mutter und Sohn kletterten auf die Höhe des Friedhofs, stolperten über das vom Wurzelwerk aufgeworfene Basaltsteinpflaster, schauten in die Grabhäuser, identifizierten berühmte Familien, machten kleine Entdeckungen: Ach, schau her, der und der liegt auch hier.
Wie damals der Sohn, rannte jetzt die Greisin um die Totenhäuser, daß sie ja nichts versäumte. Ihr Zerren an seinem Arm verursachte ihm Unbehagen.

Irgendeine Kriegserinnerung stieg in ihm hoch. Er fing an zu frieren. Er versuchte sich durch die Rubrizierung der Baustile abzulenken: Neugotik, Barockembleme, Jugendstilelemente, erhabene Klassik, todeswürdige Antike, sinkende Fackeln, sterbenslüsterne Engel, entblößte Frauenschultern, emporgereckte Arme, Grabinschriften, Beschwörungsformeln, kaum einzulösende Wechsel auf Zeit und Ewigkeit; ineinandergeschlungene Hände von Ehepaaren, herausgemeißelt aus Stein, gegossen in Metall, patiniert. Hingesunkenes, von Wurzeln Erdrücktes, kühler Schwedenmarmor, Findlinge. Eingeschlagene Totenhausfenster, vergilbte Fotografien hinter Glas, verwelkte Blumen, vermodertes Holz, Stoffreste, Fahnentücher. Pompe funèbre. Frankreich konnte schon immer seinen Verfall kultivieren.

Die Mutter war unerbittlich in der Absolvierung des touristischen Programms. Der Sohn fror bis ins Mark. Ihm war sterbenselend.

Als sie endlich durch den Haupteingang den Friedhof verließen, wußte er, daß er nie mehr, niemals mehr hierher zurückkehren würde. Mochten die Toten ihre Toten begraben. Ohne sich noch einmal umzuschauen, die zitternde Greisin am Arm, ließ er das weit geöffnete Portal hinter sich zurück.

Walter Helmut Fritz
Es sterben nur die andern
Diese Jahre also

DER BUS FÄHRT
fast im Schritt
auf der steinigen Straße.

Einmal hält er an,
und der Fahrer
unterhält sich mit einem Hirten.

Wenig später mit einer Frau,
deren Mann gestorben ist
und die ihm einen Brief
ins Dorf mitgibt.

Er ist jung.
Es sterben nur die andern.

DIESE JAHRE ALSO
mit ihrem wechselnden Zubehör,
in denen unser Leben
einen kleinen Raum
innerhalb der Ewigkeit
durchquert,
sind die Zeit des Nachdenkens
und die Zeit,
da wir uns begegnen,
sterblich,
den Blick
immer wieder
auf Zifferblätter gerichtet.

Vilma Sturm
Entfremdung

Sie war uns entrückt, noch bevor es eine ärztliche Diagnose gab. Wir hatten es in den Knochen, daß die Appetitlosigkeit, ja, die Verweigerung von Nahrung, die starke Abmagerung sowie die Blässe des Gesichts Anzeichen eines tödlichen Leidens sein müßten. Sie saß nicht mehr mit uns am Tisch, sie lag viel, allein in ihrem Zimmer; gemeinsame Gänge in die Stadt, zu denen sie sonst immer bereit gewesen war, fanden nicht mehr statt.
Die Röntgenaufnahme, die endlich hergestellt wurde, zeigte eine Geschwulst im Magen, bösartig mit allerhöchster Wahrscheinlichkeit. Dies sollte auch die Kranke wissen, meinte der Arzt. Aber wir waren der Ansicht, einer so ängstlichen und mimosenhaft empfindlichen Person müsse man die Wahrheit verheimlichen. Damit begann das schreckliche Verberge- und Versteckspiel, das monatelang währen sollte, begannen Lüge und Heuchelei, die eine tiefe Kluft aufrissen zwischen den Wissenden in der Familie und der Kranken, von der man wieder nicht wußte, ob sie vielleicht doch wußte, vielleicht doch ahnte, wie es um sie stand.
Sie wurde operiert. Es war Krebs.
Ich sah sie am anderen Tag: aus jedem Nasenloch ein Schlauch, der in ein Glasgefäß am Boden führte; ein Schlauch am Arm für die Infusion; die Augen geschlossen, der Mund, ohne Prothese, eingefallen. Stöhnen. Übelkeit. Übel ... Übel ... Übel ... Übel ... Ich saß den ganzen Nachmittag bis in den Abend hinein neben dem Bett und hörte dem Stöhnen zu und diesen vier Lauten: Ü und b und e und l. Sie ritzten sich in mein Trommelfell ein wie in eine Schallplatte, jederzeit bin ich imstande, die Nadel in diese Rillen zu setzen und die Laute zu reproduzieren; der Juni, der Juli, der August, der September, der Oktober werden in dieser Rille laufen übelübelübelübelübelübelübelübel – aber als ich dasaß an diesem ersten Nachmittag, da ahnte ich noch nicht, daß dies die monotone Melodie sein würde, mit der ihr Leben zu Ende ging.
Denn der Chirurg hatte gemeint, man könne durchaus noch mit einer Lebenszeit von ein, zwei Jahren rechnen. Da der Eingriff ohne Komplikationen verlaufen war, konnte sie bald entlassen werden. Aber den anschließen-

den Aufenthalt in einem Sanatorium lehnte sie ab. Sie, die ihr Leben lang auf andere Rücksicht genommen hatte, fragte nun nicht danach, wie die Pflege, die sie noch brauchte, zu Hause bewerkstelligt werden sollte. Sie nahm es für selbstverständlich, daß die Tochter jegliche freie Zeit, die Enkelin die Ferien daransetzte, daß ein schwieriger, nur unter großen Opfern aufrechtzuerhaltender »Dienstplan« für ihre Versorgung eingerichtet werden mußte.

Mit tiefer Beunruhigung gewahrten wir die seelische Veränderung, für die sie selbst am Tag ihrer Heimkehr die Worte fand: sie könne nicht mehr lachen und nicht mehr weinen, sie sei nicht gestorben und doch gestorben ... Auch in ihren Gesichtszügen drückte sich diese Veränderung aus. Die neue Physiognomie mit dem klein und rund gewordenen Mund wirkte wie eine tragische Maske, hinter der das vertraute liebe Antlitz verschwunden war.

Nichts konnte sie erfreuen, weder Blumen noch Post noch Besuch. Sie ließ sich verwöhnen – aber sie konnte es nicht genießen, verwöhnt zu werden. Es schmeckte ihr nichts, beständig war sie von Übelkeit befallen. Sie wollte keine Luft, keine Sonne, auch kein Wasser auf ihrer Haut. Sie wollte nicht lesen und nicht Radio hören oder mit Freunden telefonieren. Wenn wir gelegentlich abends das Fernsehgerät in ihrem Zimmer einschalteten, drehte sie sich zur Wand – das leidenschaftliche Vergnügen am Fernsehen hatte sich in Widerwillen vor dem Bildschirm verwandelt.

Sie war wie hinter Glas, wie unter Wasser. Sie war in einen Zwischenbereich eingetreten, zu dem wir keinen Zugang hatten. Da sie selbst nicht mehr lachen und weinen konnte, erreichte sie auch das Lachen und Weinen der anderen nicht mehr. Sie mochte nicht aufstehen, nicht sitzen, nicht gehen. Sie lag auf der Seite, schlafend oder dahindämmernd – was mochte sie denken? Was mochte sie empfinden?

Vorsichtig versuchten wir hin und wieder, in die Einsamkeit einzudringen, in der sie wie auf dem Monde hauste. Wir teilten ihr von den täglichen Begebenheiten und Erlebnissen mit, wir warfen Angeln aus, um ein Stückchen Interesse, ein Stückchen Anteilnahme aus dem Meer ihrer Gleichgültigkeit zu fischen. Aber wenn sie zuhörte oder wenn sie sich äußerte zu dem, was wir erzählten, dann war es auf erschreckende Weise bitter und böse – später erfuhren wir, daß dies eine der typischen Reaktionen von Krebskranken ist; daß sich hinter der nörgelnden, verdrießlichen und mißmutigen Laune, der aggressiven Stimmung, eine verzweifelte Todesfurcht verbarg, die sich anders nicht auszudrücken vermochte.

Zwar sprach sie gelegentlich vom Sterben – aber wir überspielten das, weil wir es nicht ertragen konnten. Wir nahmen nicht wirklich und ernsthaft an ihrer Not teil. Wenn sie äußerte, daß sie vielleicht doch nicht wieder gesund werden würde, dann wiesen wir diese Befürchtung entrüstet zurück: Aber natürlich würde sie gesund – und warum denn nicht? Es sei doch alles so gut verlaufen, die Narbe fein geheilt, das Herz in Ordnung – nur der Magen wolle sich eben mit seinen veränderten Verhältnissen noch nicht abfinden ...

Manchmal sagte sie auch: »Ach, ich hätte ja doch gern noch ein bißchen länger gelebt ...« Es hätte uns das Herz umdrehen, wir hätten ihr zu Füßen fal-

len und ihr sagen müssen, ja, es sei schlimm, daß sie bald von uns gehen müsse, aber wie froh wären wir über jeden Tag, den sie noch bei uns sei! Doch die merkwürdige Fremdheit, die sich zwischen uns eingenistet hatte, ließ überhaupt kein spontanes Verhalten mehr aufkommen. Vor jedes Wort, das wir sprachen, vor jede Geste, die wir taten, schalteten wir die Überlegung ein, was, gesprochen oder getan, ihr schaden, ihren Zustand verschlimmern könne. All die zutrauliche Zärtlichkeit und Wärme, mit der wir früher miteinander umgingen, war festgefroren in Angst und Sorge, und vor lauter Bestreben, stets heiter und harmlos am Krankenbett zu erscheinen, versäumten wir das Wichtigste: ihr beizustehen in der Frage, um die ja wahrscheinlich doch ihr ganzes Denken kreiste: ob sie sterben müsse – und wie bald – und wie schwer es wohl sein möchte, das Sterben zu bestehen.
In der vorletzten Nacht wachte sie auf und wollte aufstehen. Sie konnte nicht mehr sagen, wozu und wohin, aber sie wollte fort, dem Lager entfliehen und dem, der schon zu Füßen des Lagers stand. Nein nein nein nein wiederholte sie in einem fort, dazwischen rief sie »Mama, Mama« (in der französischen Betonung!), das war immer in Not und Bedrängnis der Ruf gewesen, der sich ihr unwillkürlich über die Lippen drängte. Ich zerbrökkelte eine schmerzstillende Tablette und flößte sie ihr mit einem Teelöffelchen Wasser ein. Darauf wurde sie ruhig und legte sich wieder auf die Seite. Ich glaube, dieses »Mama« ist das letzte Wort, das wir von ihr zu hören bekamen.
Aus dem Betäubungsschlaf, in dem die Medikamente und ihre völlige Entkräftung sie festhielten, erwachte sie nicht mehr zu vollem Bewußtsein. Während des folgenden Tages und der Nacht blieb sie der Wand zugekehrt liegen; ab und zu befeuchteten wir ihr die Lippen, wischten ihr die Stirn. Am letzten Morgen war ich mit ihr und der Schwester allein. Gegen Mittag fing sie an, sehr laut zu atmen. Es war ein ungeheuer bedrängendes Geräusch, aus der Nähe konnte ich es gar nicht anhören. Ich konnte auch nicht lange zusehen, wie die Brust sich hob und senkte, als sei da ein Schwerarbeiter zugange, übermäßig Schweres zu heben, zu stemmen und niederzulegen. Die Schwester saß am Bett und betete den Rosenkranz, betete zu zahlreichen Heiligen, deren Namen sie mir alle nannte, daß es doch bald ein Ende haben möge. Ich saß und stand und ging und ging und stand und saß und stand und ging und saß und ging und saß und stand und saß und ging und stand und saß und ging ... Ab und zu kam ein Telefonanruf in unsere gespenstische Abgeschiedenheit aus Röcheln und Rosenkranz. Dann hatte ich ein Ohr an der Hörmuschel, das andere im Nebenzimmer, und mitten durch mich hindurch ging die Angst vor den kommenden Stunden, deren Schrecken mir unausdenkbar erschien. Aber das tat sie mir nicht an. Sie hörte auf zu röcheln und tat ein paar ruhige Atemzüge. Während ihr Gesicht von einem Augenblick zum andern weiß wurde, kniete ich am Bett nieder, nahm sie in die Arme. In meinen Armen lag sie auf dem Rücken, hauchte zwei- oder dreimal so, wie einer ein Federchen wegbläst oder das Samenhaar einer Pusteblume, und war dann still. In meinen Armen hielt ich sie, den Leib, aus dem ich gekommen war, als einen fremden Gegenstand, einen unsäglich fremden ...

Olaf Schwencke
Auf den Saiten des Lebens den Tod spielen

Todesgedanken kommen so plötzlich, so unerwartet, überfallartig fast und sind dann auch flugs wieder dahin. Sie sind vergangen, ehe man sich »besinnt«. Und doch verändern sie mich entscheidend, sind mehr, als ich denken kann, für künftiges Leben wichtig. So wenig sie faßbar sind, so unmöglich ist es, sie aufzuzeichnen oder sie systematisch zu rubrizieren.
Nein, an den Tod denken, das hat für mich mit alltäglicher Situation und intellektuellen Anstrengungen wenig zu tun und auch mit persönlichen Notsituationen vielleicht nur ausnahmsweise. Zu wissen, daß ich sterben muß, hat andere Qualitäten und einen anderen Kontext in meinem Leben.
Momente, in denen mein Wissen um mein Sterben ganz dicht ist, es mein Denken so sehr gefangennimmt, daß alles andere für diesen Augenblick entweicht und die Identität selber gelöst ist, sind mitten im und wohl mein Leben selbst. Sie geschehen nicht am Rande, sondern mitten im Leben: zumeist in der mittelbaren Kontinuität von Erfolgen oder gar – wenn auch nur für einen sekundenkurzen Augenblick lang – mitten im Glück. Das sind, um nun dort ansatzweise eine Abstraktion zu versuchen, Augenblicke des »wahren Lebens« – wie Bertrand Russell sie treffend, auch für mich zutreffend, umschreibt: »In der Kunst, im Denken und in der Liebe, in der Kreation und in der Kontemplation der Schönheit sowie in dem wissenschaftlichen Verstehen der Welt.«
Ich kann nur noch lokalisieren, ein Stück weit situatisieren, überhaupt nicht definieren, wann solche vorher nicht ge- und bedachten, eigentlich auch undenkbaren und stets unzeitgemäßen radikalen Sterbensgedanken mich befielen. Meine Sterbens-Gesichte sind unverständlich: wie in einer unfaßbar fremd-religiösen Abstraktion gleich einem Überfall in einer Nacht in der japanischen Kaiserstadt Kyoto; wie am späten, sonnentrunkenen Mittag am Portal des verfallenen Domes in der Altstadt von Arles ein visionärer Tagestraum vom Sterben und wie beim Berühren des »Steins des Lebens« auf dem Bildhauer-Symposion an einem pfälzischen Herbstnachmittag: gerührtes, faßbares Sterben ... Auf einmal weiß ich, daß der Tod kommt und mich mitten hinausreißt aus dem, was mir Leben war – und was mich

glücklich macht. Plötzlich scheinen dann die realen Dinge relativ: und auf einmal – in einem anderen Traumgesicht – verbindet sich mir das Bibelwort mit einer visionären, mich treffenden Deutung – ich weiß: *Wer die Hand an den Pflug legt und schaut zurück, ist nicht geschaffen zum Reich Gottes (Lukas 9, 62).*

Nein, ich habe nie ernsthaft und systematisch über mein Sterben nachgedacht. Die originären Momente meines Wissens vom Tode, für mein Sein unverlierbar, sind nicht rekapitulierbar. Sie sprachlich mitzuteilen, übersteigt meine Möglichkeiten: dem intellektuellen Bereich entzieht sich nur, was seeelisches Potential geworden ist. Wo sich Faßbares mit viel mehr Nicht-faßbarem verbindet, endet das Feld auch des Theologen (und längst davor das des Politikers) – beginnt da das Reich des Dichters? Unsagbares bruchstückhaft mitzuteilen? Auch Todes-Wissen-Stummheit ins Artikulierbare zu projizieren? Können da ein paar derzeit notierte, hier nachnotierte Zwischentexte hilfreich sein, die *Ingeborg Bachmanns Tod* betreffen und ohne ihre Lyrik undenkbar wären?

Bei dieser Nachricht in den ersten Stunden des 18. Oktober 1973 fielen mir keine Worte ein. Die schreckliche Sterbensbotschaft längst nach Mitternacht, zwischen »der Musik bis zum frühen Morgen« und einer nicht fertig werdenden städtebaupolitischen Erklärung, von einem weiterlesenden, dann doch offensichtlich nicht ganz unberührten Rundfunksprecher vorgebracht, traf mich wie ein Schlag; machte mich leer, ließ das Herz sich mir ohnmächtig zusammenkrampfen: *Schweigt mit mir, wie alle Glocken schweigen.*

Wie konnte mich diese Todesnachricht so erschrecken? Wußte ich nicht alles, bevor es eintraf? Nie habe ich mir, seitdem ich sie kannte, ihren Tod vorstellen können wie den einer altersgeschwächten Ina Seidel, einer Anette Kolb oder Ricarda Huch, auch nicht dem von Marie Luise Kaschnitz vergleichbar: das Unerhörte ist nicht alltäglich. *Das Spiel ist aus.*

Mein lieber Bruder, wann bauen wir uns ein Floß
und fahren den Himmel hinunter?
Mein lieber Bruder, bald ist die Fracht zu groß
und wir gehen unter.

Wer aus solcher, ich nenne es: Urtiefe erzählen konnte, wußte mehr von Todes-Leiden und Menschen-Glück als vom Leid des Sterbens und Freude der Menschen:

Es war einmal eine Prinzessin von Chagre ...
Die Prinzessin war sehr jung und sehr schön und sie hatte einen Rappen, auf dem sie allen anderen vorausflog ...
Die Prinzessin verlor die Herrschaft, sie geriet in viele Gefangenschaften, denn sie kämpfte nicht ...
Tief in der Nacht, da meinte sie, eine Stimme zu hören, die sang und sprach nicht, die raunte und schläferte ein, dann aber sang sie nicht mehr vor Freuden, sondern klang nur noch für sie und in einer Sprache, die sie bestrickte und von der sie kein Wort verstand.

Nun ist dieses Märchen zu Ende: *Von letzten Dingen* im Doppelleben zwischen Ivanleben und Malinafeld – stehen wir eigentlich noch, theologisch

argumentiert, beim »Vorletzten« – zwischen letzten lebenssinnbeladenen wortlosen Worten und sprechendem Schweigen? Wem öffnet sich die Wand immer weiter? Ingeborg Bachmann wußte es: *Gib acht, vor den schwarzen Linien hier fliegst du hoch mit den Minen.*
Mein lieber Bruder, dann will ich an den Pfahl
gebunden sein und schreien.
Doch du reitest schon aus dem Totental
und wir fliegen zu zweien.
Ingeborg Bachmann hat im Wissen des Sterbens ihren Tod gelebt. Von der ersten Todesangst, die bei Hitlers Truppeneinmarsch in Klagenfurt aufkam, wie sie in einem Interview sagte, und ihre »Kindheit zertrümmerte«, bis hin zu ihren letzten Lebenstagen in Rom hat sie seine Melodie auf immer neuen Saiten des Lebens bei stets gleichem Klang gedichtet. Nicht der Tod hat sie zerbrochen, die Saiten haben nicht vermocht, ihrem Spiel des Lebens länger standzuhalten.
Wer sie sah, sprach, sie oft leise, beinahe unverständlich sprechen hörte und, wie ich, immer wieder ihre Gedichte las, konnte der über dieses Ende überrascht sein? Und war doch so schrecklich betroffen über diese Konsequenz des Todes, der kommen mußte, wie er kam!
Was ist ein Gedächtnis wert?
Als ich sie zum erstenmal sah, sie leise, wie zögernd, lesen hörte, wie von einer Hemmnis, die Leidenschaft verbirgt, die sich im Fortlauf auch durchsetzte, sie kaum antworten hörte, spürte ich: sie wird auch in dieser Lyrik, auch unter der Sonne Roms nicht ohne starkes Todes-Wissen leben können. Wie lange wird sie das aushalten? Wird sie an einer unausweichlichen Sympathie zum Tode zerbrechen?
Sie hat bei aller Todesangst den Tod nicht gehaßt. Auch in ihren besten Stunden schien er ihr näher als das zu sein, was wir Leben nennen.
So wart meinen Tod ab und dann hör mich wieder.
Ich weiß nicht mehr, ob ich sie je vom Sterben lesen hörte. Ich weiß überhaupt nicht mehr, was sie las. Aber ich erschrecke immer noch, weil ich damals schon meinte zu wissen, was kommen wurde, worauf all ihre Lyrik hinauslief, welche Gedanken sie darin dachte. Und ich erschrak, weil sie mich stärker als alle Theologie vom Letzten und Vorletzten entmythologisierte durch Sprach-Bilder. Wußte sie vom Vorletzten mehr als vom Letzten?
Nur das Vorletzte ist. Ist ihr aus Vernunft und Phantasie ein Anderes, ein Neues, ein Drittes erwachsen? Als Ahnung, als Vorstufe des »Letzten«?
Memento mori
Ich weiß, daß ich sterben muß.
Ich weiß, daß Sterben die andere Seite meines Lebens ist.
Ich weiß, daß mein Tod nicht ohne Sinn ist: ich fürchte mich nicht.
Ich lebe gern, das ist meine Confessio privatissima.
Ich weiß, daß Leben einen Sinn hat: Das zu wissen und darüber nachzudenken korrespondiert politischer Aktivität und setzt wohl auch theologische Reflexion voraus. Aber nicht nur.

Heinz-Dieter Knigge
Mit Kindern über den Tod sprechen

Der Tod gehört zum Leben – auch unserer Kinder. Sie machen die Erfahrung eines Verlustes – eine Puppe kann es sein oder der Teddybär. Und ausgesprochen oder unausgesprochen wird dieser Verlust zu einem ersten Todeserlebnis: etwas, das immer da war, ist verschwunden. Etwas, an dem das Kind hing, das zu seinem Leben gehörte, fehlt nun. Die Tränen, die dann fließen, sind mehr als nur Vorboten späterer Trauer. Wir können sie unseren Kindern nicht ersparen. Ich vermute, es wäre falsch, am nächsten Tag eine neue Puppe, einen neuen Teddy zu kaufen. Aber wir können ihren Schmerz durch Mittrauern erleichtern. Ich weiß, daß es Kindern (und nicht nur ihnen) sehr hilft, wenn sie erfahren: Ich bin mit meinem Schmerz nicht allein. Die Eltern verstehen mich und nehmen Anteil an dem, was mich bedrückt. So kann sich beim Kind ein Verhältnis zum Tod entwickeln, das menschliche Hilflosigkeit nicht verschleiert, aber die emotionalen Gegenkräfte gegen den Tod zu mobilisieren hilft: die Geborgenheit, die aus Glaube und Liebe erwachsen kann.

Wahrscheinlich ist es nur eine Schutzbehauptung, ein Spiegel eigener unbewältigter Todesproblematik, wenn Erwachsene oft sagen: »Kinder denken noch nicht an den Tod«, oder: »Diesen Gedanken muß man von den Kindern fernhalten.« Richtig daran ist sicher, daß Erwachsene, Eltern oder Erzieher, Gespräche mit Kindern über den Tod nicht zu forcieren brauchen. Sie ergeben sich von selbst, wenn wir auf die Fragen unserer Kinder achten, sie annehmen und aufnehmen und nicht überspielen oder die Antwort auf später vertagen. Als sich folgende Szene abspielte, fragte ich mich allerdings, ob ich mit meinem damals dreijährigen Sohn nicht eher über den Tod hätte sprechen sollen. Wir standen an dem Grab meines Vaters. Ich sagte zu meinem Sohn: »Unter der Erde liegt dein anderer Opa. Er lebt schon seit langem nicht mehr.« Mein Sohn fing an, mit den Händen in der Erde zu wühlen. »Ich will den anderen Opa sehen.« Wir gingen lange zu zweit über den Friedhof. Ich versuchte zu erzählen, wie das ist, wenn einer stirbt und begraben wird, wie der Tote in den Sarg gelegt wird, das Grab wird geschlossen, und der Körper zerfällt mit der Zeit. Die Wißbegierde des Kindes war sehr groß. Zum erstenmal wahrscheinlich begegnete es bewußt dem menschlichen Todesgeschick. Und trotzdem war es ein leichtes Gespräch, an das ich gerne zurückdenke, denn es war Vertrauen da. Der Gedanke an den Tod braucht nicht zu lähmen.

Kinder machen es einem oft sehr leicht, über den Tod zu sprechen. Manchmal geht es wohl auch ein wenig makaber zu, aber nur scheinbar. Ich war zunächst leicht schockiert, als der andere Sohn, etwa im gleichen Alter, eines Tages geradezu begeistert in mein Arbeitszimmer stürmte und sagte: »Vater, wenn du tot bist, bekomme ich doch all deine Bücher?« Glücklicherweise konnte ich lächeln: »Ja, die bekommt ihr. Ihr könnt sie euch dann teilen.« Noch tagelang faszinierte der Gedanke an die zukünftige Erbschaft die Kinder. Unser Besitz wurde munter verteilt. Wir kamen uns schon fast ein bißchen überflüssig vor. Aber bald tauchte die andere Frage auf, sehr viel existentieller und nicht mehr als Spiel: »Wenn ihr gestorben seid, wer sorgt dann für uns?« Wir konnten den Kindern Namen nennen von Freunden, die sie kannten. Wir konnten den Kindern sagen: »Wir haben mit dem und dem gesprochen. Sie würden für euch sorgen, falls wir es nicht mehr können.« Wir erlebten, daß sich Todesangst bei den Kindern zunächst indirekt äußerte. Nicht als Angst vor dem eigenen Sterben, sondern als Angst vor dem Alleingelassenwerden, als »Teddyangst«, als Furcht vor dem Verlust der lebensnotwendigen Kontaktperson.

Ein Bekannter der Familie war gestorben, den die Kinder gut kannten. Wir boten ihnen an, wenn sie wollten, könnten sie bei der Beerdigung dabeisein: in der Friedhofskapelle und wenn der Sarg ins Grab gesenkt würde. Sie, die Fünf- und Sechsjährigen, wollten es. Wir beschrieben ihnen möglichst genau, wie es zugehen würde: daß Menschen weinen, daß der Vater eine Rede hält, um die Verwandten und Freunde zu trösten, und daß Blumen in das Grab geworfen werden. Die Kinder verstanden. Unaufgefordert gingen sie in den Garten und pflückten einen Blumenstrauß: »Mutter, wenn Herr N. N. das gewußt hätte, hätte er sich sicher sehr gefreut.« – Ich hatte den Eindruck, daß die Teilnahme an der Beerdigung unseren Kindern sehr geholfen hat, Abschied zu nehmen und den Tod unseres Bekannten zu ertragen.

Und natürlich mußten dann auch die Hamster beerdigt werden, als sie gestorben waren – warum auch nicht? Der Schuhkarton wurde mit Holzwolle ausstaffiert, Tannenzweige kamen auf das Grab, und eine Kerze brannte. Als die Großmutter vorschlug, einen neuen Hamster zu kaufen, war die entrüstete Reaktion: »Nein. Jetzt noch nicht. Goldy hat es nur einmal gegeben.« Die Wirklichkeit war ambivalenter, als es diese Bemerkung ahnen läßt. Denn vor dem Angebot der Großmutter hatte sich das Kind selbst einen neuen Hamster gewünscht. Vielleicht wurde ihm die Ungeheuerlichkeit dieses Wunsches bewußt, als dessen Realisation so bedrohlich nahe rückte.

Kinder machen es einem auch schwer, über den Tod zu reden. Ich denke an die Frage des Sechsjährigen: »Mutter, warum leben wir eigentlich, wenn wir hinterher doch sterben müssen?« Erwachsene abstrahieren wahrscheinlich zu leicht und finden die Sinnfrage wieder in diesem Satz, vor die uns der Tod stellt. Vielleicht schwingt sie auch wirklich mit. Nur will sie nicht theoretisch beantwortet werden, sondern persönlich: »Es wird mir schwer, auf deine Frage zu antworten. Ich frage mich das auch oft. Und ich weiß keine Antwort. Aber das weiß ich: Ich wäre sehr traurig, wenn du stirbst. Ich würde viel weinen, und du würdest mir fehlen. Denn wir freuen uns sehr darüber, daß es dich gibt und daß du bei uns bist.«

Mit unseren Kindern über den Tod reden? Ich meine, es ist möglich. Wir können ihnen »hilflose Helfer« sein zu einem Vertrauen zum Leben, das ausgesprochen oder unausgesprochen in dem Glauben gründet, daß der Tod menschliche Gemeinschaft zwar bedrohen und zerstören kann, daß aber die Gemeinschaft Gottes mit dem Menschen bleibt – was immer das einmal bedeuten mag.

Hisako Matsubara
Zwischen zwölf und dreizehn

Als ich zwölf war, starb mein kleiner Bruder. Ich hatte ihn so oft auf meinem Rücken getragen, hatte ihm von meinem Taschengeld Spielzeug gekauft, hatte ihm alle Lieder beigebracht, die ich gerade in der Schule lernte, und zusammen hatten wir sie gesungen, ich mit ganz heller Stimme, er krähend vor Begeisterung, entschieden lauter als ich, mit tapsiger Stimme. Von allem in der Welt war er mir das Liebste. Damals. Nun war er tot.

Ich hatte nur noch den Gedanken: Wohin ist er gegangen ... gibt es dort genügend Spielzeug für ihn ... was tut er jetzt, gerade jetzt ... wann kann ich weiter mit ihm singen ... wann kann ich ihn wieder sehen ... wann und wo?

Meine Mutter weinte fast ununterbrochen. Mein Vater blieb wortlos. Tagelang. Wochenlang. Er nahm häufiger als je zuvor den Rechen zur Hand und fegte mit eintönig sich wiederholenden Bewegungen den kiesbestreuten Vorplatz vor unserem Haus und die Stufen, die von dort hinaufführen zum Shintō-Schrein, jene Stufen, über die er hinaufgestiegen war, er, den Rücken gebeugt wie ein ganz alter Mann, während meine Mutter und ich unten im Haus immergrüne Zweige auf den Sarg gelegt und Kerzen dazu angezündet hatten. Das war im März gewesen.

Dann kam der April. Dann wurde es Mai ... Juni. Endlich schlich ich mich zu meinem Vater hin, als er neben der Steintreppe, seitlich neben dem weiten Vorplatz und unweit der Steinlaterne, die trockenen, gefallenen Äste des letzten halben Jahres aufschichtete, um am Sonnenwendtag das Feuer zu entzünden. Ich überwand die Schwelle seiner Unnahbarkeit und fragte ihn: »Wo ist Takashi-chan jetzt?«

Ohne sein Tun zu unterbrechen, antwortete mein Vater still: »Er ist in die Natur zurückgegangen. Aber er kommt wieder, wenn du ihn rufst.«

Die Bewegungen, mit denen er weiter die Äste und Zweige auflas und sie auf den immer höher wachsenden Stapel legte, fügten sich fließend aneinander, als sei dies ein Tag wie jeder andere, und Takashi-chan sei nicht tot. Nach einer Weile fügte er hinzu, heiter: »Vielleicht läuft er jetzt gerade hinter den Zikaden her, die vor seinen Füßen aufschwirren, oder er wartet dort auf den Stufen auf die Eidechsen, die zwischen den Steinen hervorkommen,

die er immer so gerne fangen wollte, aber mit seinem Händeklatschen verscheuchte.«
Ich betrachtete die Stufen und den leeren Vorplatz und die Büsche am Rand, dahinter den Wald, und glaubte aus jedem Brechen der Zweige sein Händeklatschen herauszuhören. Ich war glücklich bei diesem Gefühl.
Als später am Tag ein Regenschauer kam, rannte ich ins Haus, einen Regenschirm zu holen. Ich lief damit zu der Stelle, wo mein Bruder am häufigsten gespielt hatte, und hielt den offenen Schirm über seinen Lieblingsplatz. Dann aber erschrak ich und dachte, daß er doch eigentlich auf dem Friedhof sei. Asche zwar in der Urne, aber doch er. So schnell ich konnte, rannte ich durch den tropfnassen Wald die vielen Stufen herab, die den Berg hinunterführen, den langen abschüssigen Weg entlang, der auf die große Straße mündet, hinüber über die Straße in den Tempelbezirk des Daitoku-ji, wo sein Grab liegt. Dort stand ich dann lange und schützte ihn mit meinem Regenschirm.
Erst gegen Abend, als die Sonne durch die Wolken brach und drüben auf der anderen Seite der Stadt die Berge in orangerotes Licht tauchte – dort, wo in den Höhen die Seelen der Verstorbenen wohnen und wo in einigen Wochen, bald, im August, auf dem Daimon-ji Berg und überall im Umkreis die Seelenfeuer aufflammen werden – ging ich nach Hause ... glücklich in dem Gefühl, meinen kleinen Bruder vor dem Regen bewahrt zu haben.
Zu Hause stellte meine Mutter gerade die tägliche Schale Reis, einen Becher Tee und alles, was wir zum Abendessen bekommen sollten, vor Takashi-chans Altar neben dem Wohnzimmerfenster. Dort stand auch sein Foto in einem Silberrahmen, und ich wurde plötzlich unsicher, wo er denn wirklich sei ... doch hier zu Hause ... auf dem Friedhof ... drüben in den Bergen?
Auch in der Schule dachte ich dauernd an ihn und fragte meine Lehrerin, ob sie mir sagen könne, wo Takashi-chan denn wirklich sei. Ich war mit der Kopie meines Gedichtes zu ihr gegangen, des langen Gedichtes, das ich an seinem Todestag geschrieben und dann drei Tage später in seine Urne auf die Asche gelegt hatte. Meine Lehrerin weinte, als sie das Gedicht las, obwohl sie doch Takashi-chan nie gekannt hatte. Sie legte ihre beiden Hände auf meine Schultern: »Du mußt jetzt für deinen Bruder mitleben, alle seine Begabungen mit erfüllen. Du sollst nicht nur doppelt traurig sein, sondern auch doppelt fröhlich.«
Auf dem Heimweg am Nachmittag ging ich wieder die mit riesigen Steinplatten ausgelegten Gehwege im Tempelbereich des Daitoku-ji entlang. Ich wollte zu Takashi-chans Grab und ihm erzählen, was die Lehrerin gesagt hatte. Hinter den hohen Mauern, die die Wege säumen, sah ich die breit geschwungenen Dächer des Daitoku-ji. Zahllose Tauben flogen hin und her und setzten sich auf Dachfirste und Mauerkanten. Die verborgene Welt hinter den Mauern zog mich an, und ich dachte, daß ich dort von einem der Zen-Priester erfahren könnte, wo Takashi-chan wirklich sei.
Schon immer hatte ich den Wunsch verspürt, in diese Welt wieder einzudringen, seitdem mich mein Vater einmal mit in das Innere dieses höchsten Zen-Tempels genommen hatte. Dort hatte er mit einem der Priester ein Wortgefecht geführt, wie er es früher öfters tat, ein schnelles Spiel, bei dem

Schnelligkeit zählt, denn Worte werden wie Bälle hin- und hergeschossen. Ich hatte nichts verstanden von dem, was sie austauschten, aber der Schluß ist mir in Erinnerung geblieben. »Traum aller Träume«, hatte mein Vater gesagt, und von dem Zen-Priester war die Antwort gekommen: »Wie Tau im Morgenwind.« Auf dem Heimweg hatte mich mein Vater dann gefragt: »Fandest du nicht auch, daß es heute besonders interessant war?« Ich hatte genickt, um ihn nicht zu enttäuschen.

Aber das alles war vor Takashi-chans Tod gewesen. Jetzt ging ich den gleichen Weg wie damals, durch die Vorhalle, zum Innenhof. Dort öffnete ich leise die mittlere Schiebetür. Im gedämpften Licht des Innenraums saß ein Priester regungslos in Meditationsstellung. Ein alter Mann, den ich nie zuvor gesehen hatte. Er hatte die Augen geschlossen und die Finger zur Lotusblüte geformt. Ich trat ein und schloß leise die Tür hinter mir, so daß nur die gleichmäßig kühle Farbe der Tatamimatten und ihr Duft nach frisch abgeernteten Getreidefeldern übrigblieb. Ich setzte mich ebenfalls. Ich weiß nicht, wie lange ich dort gesessen habe in dieser unsagbaren Stille. Irgendwann spürte ich, daß der Priester seine Augen geöffnet hatte und mich eindringlich musterte. Ich schaute auf und hielt dem Blick stand. Ich hatte keine Scheu.

Dann sagte der Zen-Priester unbewegt, fast gleichgültig, in sehr bestimmtem Ton: »Du bist gekommen, weil du etwas fragen willst.«

»Ich möchte wissen, wo mein Bruder ist.«

Ohne das geringste Zögern kam von ihm die Antwort, ganz ruhig, wie endgültig: »Er ist dort, wo du an ihn denkst.«

Er schloß wieder die Augen, und als ich noch sagte: »Aber ich kann ihn nicht sehen«, antwortete er nicht mehr. Über sein Gesicht hatte sich wieder ein Schleier gesenkt, eine unantastbare Strenge und Gelassenheit, an der alles abprallte. Ich sah, wie sich seine fallenden Schultern im Rhythmus der Atemzüge langsam hoben und senkten, und wußte, daß ich für ihn nicht mehr anwesend war. Ich verneigte mich und ging leise hinaus.

Die christliche Kirche war damals, als ich zwölf und dreizehn war, der einzige Ort in Kyoto, wo man gut Englisch lernen konnte – von einem Amerikaner direkt. Dreimal in der Woche nachmittags. Aber auch sonntags ging ich regelmäßig dorthin, weil mich die Geschichten aus der Bibel fesselten. In der Weihnachtszeit wurde immer ein Krippenspiel aufgeführt. Im Jahr zuvor war mein kleiner Bruder ein Schäfchen in diesem Weihnachtsspiel gewesen. Ganz in weiß mit vielen Wollfadenenden, die ich ihm auf seinen Schlafanzug genäht hatte, und mit einer dicken Wollmütze vermummt, war er auf der Bühne herumgekrabbelt, auf allen vieren, und hatte sich schließlich wie ein Kaninchen hingesetzt.

Ich fragte den Pfarrer, ob er mir sagen könne, wo Takashi-chan wirklich sei. Der Pfarrer war ein gütiger Mensch, sehr warmherzig und mitteilungsfreudig dazu. Er war stolz darauf, vor dem Krieg zwei Jahre in Amerika in einem theologischen Seminar verbracht zu haben. Von dort hatte er auch die mich damals in größtes Erstaunen versetzende Sitte mitgebracht, statt der in Japan seit urdenklichen Zeiten üblichen Papiertaschentücher, die man nach einmaligem Gebrauch wegwirft, ein Taschentuch aus Batist zu verwenden.

Ich ekelte mich ein bißchen vor ihm, weil er seine Stubsnase immer wieder in das gleiche Tuch putzte. Aber ansonsten war er ein herzensguter Mensch. Er wollte, daß ich in diesem Jahr einen Engel spielte. Er sagte mir, daß Kinder, die früh sterben, selbstverständlich in den Himmel kommen, daran sei gar kein Zweifel, weil Gott sie heimhole zu sich. Vor allem ein Kind, das – wie Takashi-chan – schon als Schäfchen mitgewirkt habe beim Weihnachtsspiel, so ein liebes Kind sei inzwischen schon längst im Paradies.
»Wo ist das Paradies?«
»Weit, sehr weit weg.«
Daß Takashi-chan so weit weg sein sollte von mir, das machte mich nur noch unglücklicher. Ich konnte mir nicht vorstellen, daß er überhaupt außer Ruf- und Hörweite sei. Auf dem ganzen Heimweg weinte ich, obwohl der Vollmond silbrig schien und klare, schöne Schattenmuster auf den Boden zeichnete. Ich lief den Weg zwischen den Bäumen entlang, die Stufen durch den Wald hinauf, über den knirschenden Kies an unserem Haus vorbei, die nächsten Stufen hoch bis hinauf zur Schwelle des Schreins. Dort hockte ich mich auf die kalte Erde.
Mit einemmal stand mein Vater neben mir. Er stand ganz still und schaute zum Nachthimmel auf. Sein Gesicht war seitlich vom Mondschein erleuchtet. Er begann eine Melodie zu summen, ein Lied, das ich oft auch mit Takashi-chan gesungen hatte. Dann sagte er: »Schau, es ist doch gut, daß wir nicht ewig leben, sonst könnten wir uns gar nicht freuen über die kurze Zeit, die wir zusammen sind.«
Er beugte sich herab zu mir und lud mich auf den Rücken. So trug er mich hinunter die Stufen, über den Vorplatz, zum Haus. Ich lehnte meinen Kopf gegen seine magere Schulter und spürte den Pulsschlag unter seiner Haut.

(Aus dem noch unveröffentlichten Roman »Diese kurze Liebesspanne«.)

Hans-Jürgen Heise
Schreventeich

Gedenkblatt für Elfi
21. November 1929 – 29. September 1960

Hier hast du gestanden
den Blick
schon ein wenig dorthin gerichtet
wo du jetzt bist

Unter diesen Zweigen
hat sich dein Antlitz gespiegelt
und
der Teich hat es mir bewahrt

Nur eine sanfte Verwandlung
hat er vorgenommen
Er hat aus deinen Augen
Regenringe gemacht

(Aus: Hans-Jürgen Heise, Ein bewohnbares Haus,
S. Fischer Verlag, Frankfurt am Main 1968.)

Annemarie Zornack
überlegung

meine rechte unterste rippe
kenne ich wenig
sie schnipst nur gerade so
zwischen den fingern hindurch

dein zeigefinger
ist mir vertrauter

also
warum sollte ich
meinen tod mehr fürchten als
deinen

(Aus: Annemarie Zornack, der steinschläfer,
Horst Heiderhoff Verlag, Frankfurt am Main 1972.)

Ingeborg Drewitz
Erfahrungen oder: Sechs Stimmen

Die Stimmen sind kreisförmig um einen akustischen Leerraum geordnet. Sie sind Teile eines Ganzen, vielleicht eines ICH.

1 A: Am Meer entlang vor den Wellen her.

1 B: Einer Glockenqualle zusehen, wie sie sich dehnt und zusammenzieht.

2 A: Bei Rot den Place de la Concorde überqueren.

2 B: Bei beginnender Narkose das Zählen vergessen.

3 A: Im Zimmer eingeschlossen sein.

3 B: Plötzlich wissen, daß ich sterben muß. Ich. Nicht du. Nicht er. Nicht sie. Ich.

1 A: Am Meer entlang gehen. Der Sand ist heiß. Die Wellen laufen auf und wieder ab. Tang bleibt liegen. Muschelsplitter.

2 A: Bei Rot den Place de la Concorde überqueren. Die Wagen streifen fast den Körper. Keiner stoppt. Die Füße stecken in Sandalen. Um die Füße Angst haben.

3 A: Im Zimmer eingeschlossen sein. Wissen, daß die Wohnung im 8. Stock ist. Wissen, daß der Vermieter polizeilich gesucht wird. Keinen Ausweis bei sich haben.

1 B: Einer Glockenqualle zusehen, wie sie sich dehnt und zusammenzieht. Dabei ihre Verdauung im durchsichtigen Inneren beobachten.

2 B: Bei beginnender Narkose das Zählen vergessen, weil die Zahlen ganz sinnlos sind.

3 B: Plötzlich wissen, daß ich sterben muß. Ich. Nicht du. Nicht er. Nicht sie. Ich. Und nie wieder aufwachen können. Nie wieder zählen können. Nie wieder einer Glokkenqualle zusehen können. Nie wieder Angst um die Füße in Sandalen haben oder weil das Zimmer im 8. Stock ist. Wissen, daß es keine Entscheidung mehr gibt. Daß ICH MICH nie wieder entscheiden kann.

1 A:	Und –?
2 A:	Und dann –?
Alle 6 Stimmen:	Und was dann?
	(Pause. Der Leerraum ist spürbar)
1 A:	Am Meer entlang gehen. Der Sand ist heiß. Die Wellen laufen auf und wieder ab. Tang bleibt liegen. Muschelsplitter. Du gehst vor mir her. Der Abdruck deiner Sohlen lischt aus nach jedem Schritt.
1 B:	Die Glockenqualle verdaut und schwingt dabei in der Dünung. Die Zirkelschläge des Strandhafers mustern den Sand. Du denkst an den Warnflug der Möwen, damals, als ihr die Eier stehlen wolltet.
2 A:	Bei Rot den Place de la Concorde überqueren. Die Wagen streifen fast den Körper. Keiner stoppt. Die Füße stecken in Sandalen. Du hast Angst. Und dabei stehst du mit einemmal allein mitten auf dem Platz und winkst.
2 B:	Bei der Narkose das Zählen vergessen, weil die Zahlen ganz sinnlos sind. Noch das Fenster sehen. Milchglas, ein helles Viereck. Du bist nicht mehr traurig.
3 A:	Im Zimmer eingeschlossen sein. Wissen, daß die Wohnung im 8. Stock ist. Wissen, daß der Vermieter polizeilich gesucht wird. Du hast keinen Ausweis bei dir. Du siehst auf die Straße hinunter. Siehst Autos, Menschen, Flugblätter und Zeitungen, die das Pflaster mustern. Euphorie des Spätnachmittags.
3 B:	Plötzlich wissen, daß ich sterben muß. Ich. Nicht du. Nicht er. Nicht sie. Ich. Und nie wieder aufwachen können. Nie wieder zählen können. Nie wieder einer Glokkenqualle zusehen können. Nie wieder Angst um die nackten Füße haben oder weil das Zimmer im 8. Stock ist. Wissen, daß es keine Entscheidung mehr gibt. Daß ICH MICH nicht mehr entscheiden kann. Daß später Nachmittag ist. Und ihr euch trefft. Du und du und du und du und du. Und ich fehlen werde. Schon fehle –
	(Pause, Leerraum spürbar)
1 B:	Und –?
2 B:	Und dann –?
Alle 5 (ohne 6):	Und was dann?
1 A:	Am Meer entlang gehen.
3 A:	Im Zimmer eingeschlossen sein.
2 B:	Bei der Narkose das Zählen vergessen.
1 B:	An die Kindheit denken, als die Möwen warnten.
2 A:	Allein mitten auf dem Place de la Concorde stehen.
Alle 5:	*(nacheinander und durcheinander, bis sich die Stimmen ballen):* Nein. Nein. Nein. NEIN.

2 B: Das Fenster ist hell. Milchglas. Ein helles Viereck.

1 A: Und du gehst vor mir her. Der Abdruck deiner Sohlen lischt aus nach jedem Schritt. Wir werden uns haben. Irgendwo. Im Sand.

1 B: Du wirst mich haben. Sand ist hart im Rücken. Sand rieselt aus deiner Handmuschel auf meinen Bauch.

2 A: Auf dem Place de la Concorde stehenbleiben, als die Autos wieder anfahren von rechts und links, von vorn und von hinten. Sandalen anhaben. Nackte Füße. Und winken. Du winkst noch immer.

3 A: Rush-hour. Freitags. Vom 8. Stockwerk aus sind die Flugblätter weiße Vögel. Die Polizei bricht schon die Wohnung auf –

(Pause, Leerraum spürbar)

1 A: *(leise)* Im Sand liegen. Dein Haar schmeckt nach Salz.

1 B: Die Möwen warnen. Möweneier sind wie Kiesel gescheckt. Als Kinder krochen wir übers Geröll zu den Nestern.

2 B: Die Zahlen vergessen haben. Nicht traurig sein. Nichts mehr wissen.

2 A: Auf dem Place de la Concorde stehen. Bei Rot. Die Autos streifen dich nicht, wenn du die Nerven behältst.

2 B: Aber beim Aufwachen aus der Narkose schießen die Lichter zusammen.

1 A: Wir werden ins Wasser laufen, daß es aufspritzt. Wir werden schwimmen, voreinanderweg, aufeinanderzu. Ich tauche. Ich greife dich unter Wasser an. Du wehrst dich. Doch ich bin stärker. Ich packe dich. Ich beiße in deine Brust.

1 B: Wir müssen Wasser treten, um nicht unterzugehen.

(i.f. setzen die Stimmen in kurzen Abständen nacheinander ein, so daß eine Stimmüberlagerung erreicht wird)

2 A: Wenn du die Nerven behältst –

2 B: – – schießen die Lichter zusammen

1 A: – – – und dein Haar schmeckt nach Salz

(Leerraum spürbar)

1 B: Was ist denn? Wo seid ihr? Du und du und du – Ich will nicht allein sein.

(Nachhall)

Anmerkungen

A = Männl. Stimmen
B = Weibl. Stimmen

I. Stimmen 1 A und 1 B sind die positiven Stimmen des Ich
Stimmen 2 A und 2 B entdecken die normalen Ängste
Stimmen 3 A und 3 B führen an die Todesangst heran

II. die drei Variationen der männl. Erfahrungen (kantiger)
die drei Variationen der weibl. Erfahrungen (runder)
3 B nun schon nahe an Tod-Erfahrung, die alle Erfahrungen in Frage stellt.

III. Jetzt stemmen sich alle gegen die Angst, d.h. die Erfahrungen werden angereichert, werden plastischer, weiten sich auch auf.
und da tritt durch 3 B der Tod ins Leben.

IV. Für einen kurzen Stimmendurchgang verblaßt die Lebensfülle, das Sagbare reduziert sich –

V. – aber provoziert Trotz, d.h. alle Stimmen stellen noch einmal das Leben ganz prall hin, ja entdecken es im Nebenbei

(Blick auf Rush-hour Straße etwa)

VI. Nach der Überfülle tritt Ermüdung ein, Altern. Erfahrungen mildern sich zu Erinnerungen –

VII. – bis der Einzelstimme nur noch die Leere bleibt. Tod.

Kurt Marti
Das Fenster

Manchmal ist das Fenster zu. Die Scheiben spiegeln. Manchmal steht das Fenster offen. Man sieht von der Straße aus die Zimmerdecke. Oben, der Kranke – ich weiß es, seit ich ihn hie und da besuche – sieht von seinem Bett aus das Haus gegenüber, die Fenster des ersten und zweiten Stockwerks, sieht hie und da die Frau, das Kind an einem der Fenster des zweiten Stockes. Einmal haben wir das Mädchen, sechs oder sieben Jahre alt, mit lustig abstehenden Zöpfchen, Seifenblasen über die Straße hinausblasen sehen, durch eine kleine Drahtschleife, wie man sie samt Büchse in den Spielabteilungen der Warenhäuser kaufen kann. Ein anderes Mal sahen wir die junge Frau ans Fenster treten und ihren Mann, der unter den kleinen Wagen auf Hochglanz polierte, ans Telefon rufen. Die Fenster des ersten Stockwerks sehe ich bei meinen Besuchen immer geschlossen. Dort soll ein Junggeselle wohnen, der selten zu Hause ist.
Das ist's, was dem Kranken an Ausblick auf das Leben anderer Leute bleibt. Das und dazu die Nuancen des Tageslichts, die Wechsel der Witterung. Fraglich allerdings, ob ihm diese Dinge noch etwas bedeuten. Leberschrumpfung. Erste Phase: die Leber schrumpft ein. Zweite Phase: die Leber schwillt enorm an, treibt den Unterleib unförmig auf. Dritte Phase: die Leber sackt wiederum zusammen, aus. Bis dahin: verhungern, verdursten, vertrocknen. Jetzt die zweite Phase. Hat er Glück, so bleibt ihm die dritte, qualvollste, erspart. Noch kann er den Kopf zur Seite wenden, zum Fenster hinaus sehen, hinüber an die gelbgraue Fassade, durchs Fenster zu den anderen Fenstern, wo hie und da die Frau oder das kleine Mädchen, seltener der Mann, sichtbar werden: das letzte kleine Mädchen, das er sieht, die letzte junge Frau, der letzte Mann. Die letzten Geranien auch, das letzte Haus. Bald wird alles für ihn erloschen sein. Schon hat sich der Hausbesitzer bei seiner Frau, durchaus höflich und diskret, erkundigt, ob sie auch nach dem Tode ihres Mannes die Wohnung werde behalten wollen, bereits hätten sich Interessenten gemeldet. Die Frau hat dem Kranken nichts davon gesagt. Das Leben wird weitergehen. Man kann sich gut vorstellen, daß man stirbt und daß das Leben danach weitergeht. Man kann sich wahrscheinlich nichts anderes vorstellen als das.

Das Sprechen kostet den Kranken viel Mühe. Die Schleimhäute sind vertrocknet. Man versteht ihn nur bruchstückweise, errät vielleicht, was er sagt, oder tut, als ob man's errate, doch wahrscheinlich errät auch er, daß man nur so tut, und verstummt zunächst, versucht es dann aber von neuem, kämpft um letzte Wörter und Sätze.

Manchmal errate ich, daß er wieder von seinen Eltern spricht oder sprechen will, vom Lehrer, der ihn geprügelt hat, weil er vormittags nicht zur Schule gekommen war, dabei war seine Mutter doch plötzlich gestorben, aber der Lehrer, schreiend: »Du lügst!« und rot vor Wut im Gesicht, war über ihn hergefallen und hatte ihn mit dem Meerrohrstock durchgeprügelt, bis seine Hosen Blutflecken kriegten. Vor siebzig Jahren war das gewesen, an einem Nachmittag, und dieser Nachmittag damals scheint ihn jetzt mehr zu beschäftigen als die siebzig Jahre dazwischen. Blickt er wieder zum Fenster hinaus, so scheint er fast nichts mehr wahrzunehmen. Wirklicher als drüben das Haus mit seinen Fenstern und Menschen ist jener Nachmittag und vielleicht noch andere Erlebnisse seiner Kindheit, die er erzählen möchte, doch kann ich ihn kaum mehr verstehen, noch weniger seine Frau, die mit dem Alter schwerhörig geworden ist, man muß sehr laut, sehr deutlich zu ihr reden. Bis zum achtzigsten Geburstag hat er voll gearbeitet, weil der Kleinbetrieb seines Patrons keine Pensionskasse hatte, doch war er mit einer Abgangsentschädigung zufrieden gewesen, auch hatte er seine Arbeit gern gehabt. »Was hab' ich nur getan, daß Gott mich jetzt straft?« hat er gefragt, als er noch deutlicher artikulieren konnte, »ich habe nie getrunken, nie geraucht, immer solid gelebt, und jetzt geht es mir so.« Was vermögen dagegen Sätze, Satzversuche, Satzanläufe von einem anderen als einem strafenden Gott auszurichten? Achtzig Jahre hat er sich Lehrern und Vorgesetzten unterwerfen müssen, hat es gutwillig getan im Glauben, daß über den Vorgesetzten ein höherer, höchster Vorgesetzter sitzt, der alles so haben will, wie es ist. Verwelkend, verdorrend sieht er sich jetzt vom höchsten Vorgesetzten bestraft statt belohnt, betet aber dennoch zu ihm in der Hoffnung, das Herz dieses strengen Herrn vielleicht noch erweichen zu können, kein Hiob, der sich trotzig gegen die grausame Macht des Höchsten auflehnt, ein eingefallenes Menschenbündel, einst von einem Lehrer blutig und jetzt vom Allmächtigen tödlich geschlagen, allem, woran er glaubte, entfremdet. Mein Gott, mein Gott, warum hast du mich verlassen?

Jedesmal, wenn ich am Haus vorübergehe, sehe ich zum Fenster im ersten Stockwerk empor. Manchmal ist es zu. Die Scheiben spiegeln. Manchmal steht es offen. Ich sehe ein Stück der hellen Zimmerdecke. Dort liegt er, die Hände über der Bettdecke gefaltet, immer wieder um Straferlaß bittend, die Lippen bewegend. Hinter den anderen Fenstern der Straße wird gelebt, geliebt, gestritten, geputzt, gebastelt, gearbeitet, gespielt – hinter diesem wird gestorben, stirbt eine Welt, ein Gott, ein Mensch. Ich gehe vorüber und merke, daß ich unwillkürlich die Faust gemacht habe.

Auch nachts gehe ich manchmal unter dem Fenster vorbei. Ist es oben, hinter halb zugezogenen Fensterläden, dunkel, so schließe ich daraus, daß nichts vorgefallen ist. Sehe ich jedoch Licht, so denke ich im Vorübergehen: Geschieht es JETZT?

Jens Rehn
Was ist der Mensch?

Tag X, 15 Uhr 18: ein Todesfall im Krankenhaus. Alter Mann, 79 Jahre, 1,70 m groß, 55 Kilo, eher weniger zuletzt. Schnee im Haar. Die Schwestern sagten Opa zu ihm. Beide Augen minus 14, der alte Herr hatte Angst, vor seinem Tode noch zu erblinden, Star natürlich, nicht mehr zu operieren.
Ein Routinefall, dieser Tod. In einem Großkrankenhaus einer Großstadt sterben täglich beträchtliche Menschenmengen. So ist das Leben nun einmal.
Der alte Mann: Magenoperation, Erholung, Rückfall, Nierenversagen, Exitus. Fünf Minuten nach dem Hinscheiden werden die Angehörigen telefonisch verständigt, die Oberschwester erledigt das taktvoll. Der behandelnde Arzt hat bereits die notwendigen Vordrucke ausgefüllt. Ein schöner Frühlingstag, draußen wartet seine Verlobte. Die Sonne scheint, der Himmel ist knallblau.
Tag X plus 2. 13 Uhr 17. Im Bestattungsinstitut ist es kühl, schwarz und würdig, das Vorsommerwetter bleibt draußen. Der Türgong läutet einen Molldreiklang. Der dunkle Bestattungsinstitutsangestellte sagt: Guten Tag, herzlichstes Beileid. Nehmen Sie doch bitte Platz.
Tochter und Sohn des Verstorbenen setzen sich. Sie haben alle Unterlagen mitgebracht, die Papiere vom Krankenhaus, den Personalausweis des Hingeschiedenen, die Willenserklärung zur Einäscherung, ja, alles.
Der Bestattungsinstitutsangestellte sieht alles sorgsam durch. Er rechnet bereits. Aus der Bauchschublade holt er die Vertragsformulare. Dieser Fragebogen ist so angelegt, daß er später gleichzeitig die Rechnung ist. Der Bestattungsinstitutsangestellte fragt die Daten ab und füllt aus mit einem schwarzen Kugelschreiber, drei Durchschläge. Am Revers trägt er einen silbernen Miniatursarg, womöglich eine Art Werbegeschenk. Rundum stehen auf den Regalen Schmuckurnen, unten hochpolierte Särge, alles leer noch, natürlich. Jenseits der Schaufensterscheibe pulsieren Verkehr und lebendige Menschen. 13 Uhr 29. Knallblauer Himmel, die Sonne scheint unentwegt.
Tja, sagt der Bestattungsinstitutsangestellte, also Krematorium. Die übliche Feier?

Keine Feier, sagen Bruder und Schwester.
Der Bestattungsinstitutsangestellte ist konsterniert: Keine Musik? Kein Gesang? Kein Teppich? Keine Blumen? Keine Rede? Kein Pfarrer? Ist das Ihr Ernst?
Es war ihr Ernst. Der Vater sollte überführt werden. Langwedel, Postleitzahl, per Adresse Bürgermeister. Der Bestattungsinstitutsangestellte streicht etwa sieben Spalten im Fragebogen, schweren Herzens begreift er überraschend schnell. Es ist inzwischen 13 Uhr 34, immer noch Tag X plus 2.
Ja, sagt der dunkle Mann, und nun der Sarg. Sehen Sie sich doch bitte mal um. Empfehlenswert dieser da, massiv Eiche mit Bronzebeschlägen, 780 Mark, sehr solide; ich habe aber auch noch etwas Repräsentativeres.
Warum ein Sarg, wenn die Leiche verbrannt wird? Der Bestattungsinstitutsangestellte macht klar, daß das Gesetz eben dieses vorschreibt. Und der Sarg wird selbstverständlich mitverbrannt.
Ihr Wort in Gottes Ohr, sagt die Tochter, und der Sohn sagt: Hören Sie, wir wollen die Asche unseres Vaters beisetzen, nicht die vom Sarg. Nun gut, wir folgen dem Wunsche unseres Vaters: das Billigste ist uns gerade recht.
Um 13 Uhr 41 kaufen Tochter und Sohn des teuren Hingeschiedenen einen Sarg mit der Typenbezeichnung »Klein Null Strich Großnull, imitierte Eiche geritzt, keine Beschläge«, Preis 227 Mark. Der Bestattungsinstitutsangestellte hat die Hoffnung noch nicht aufgegeben: Und nun die Innenausstattung. Hier der Katalog mit Mustern, Kopfkissen, Sterbekleid und so weiter, sehen Sie.
Tochter und Sohn sehen. Der Bestattungsinstitutsangestellte kreuzt die Nein-Kästchen an: Keine Innenausstattung, kein Sterbekleid, kein Waschen, keine Strümpfe, keine Aufbahrung, keine Kondolenzliste, kein Sargkreuz, ja, und das Einbetten kostet 25 Mark, das, schließlich, muß ja wohl sein, oder? Weiter: Leichenauto 65 Mark, Träger zur Überführung ins Krematorium 68 Mark, es sind immerhin vier Mann erforderlich, und wie wär's mit einer Schmuck-Überurne?
Keine Schmuck-Überurne, sagt die Tochter. Und wie geht die Überführung vor sich?
Per Postpaket, selbstverständlich eingeschrieben, sagt der Bestattungsinstitutsangestellte. Moment, ich muß nachsehen, das kostet also, ja, 5 Mark 20. Die Sterbeurkunden besorgen wir Ihnen natürlich. Wie viele brauchen Sie? Nehmen Sie lieber mehr als zu wenig. Zwei sind kostenlos, für die Rentenstelle und Krankenkasse. Sagen wir zehn? Gut. Macht nochmals 11 Mark, kommen 12 Mark Bearbeitungsgebühr hinzu, und schon haben wir's.
13 Uhr 55. Der Bestattungsinstitutsangestellte tippt die Zahlen in seine Rechenmaschine. Summa summarum sind es nun also 550 Mark. Die Tochter des Hingeschiedenen schreibt um 13 Uhr 57 einen Scheck über genannte Summe aus. Der Bestattungsinstitutsangestellte ruft bei der Bank zurück, ob der Scheck gedeckt ist. Er ist, und somit kann der Betrag nach Vorschrift dreifach quittiert werden.
Die Frühsommersonne draußen scheint aus Leibeskräften. Bei Rot warten

die Menschen an der Kreuzung, bei Grün rennen sie lebendig über den Zebrastreifen. Der tote Vater steht irgendwo im Hintergrund und lacht leise. Nur Sohn und Tochter hören ihn.
Die Kinder gehen nach Hause zur Mutter und erzählen ihr, daß alles in Ordnung ist. Wie gut, daß der liebe Gott den Menschen die Möglichkeit eingeräumt hat, lügen zu können.
In den nachfolgenden Tagen X plus 3 bis 7 geschieht nichts. Der tote Vater liegt im Eisschrankkeller, Verzeihung: im Kühlschrankkeller des Krankenhauses und wartet. An seinem linken großen Zeh ist mit Leukoplast ein Zettel angeklebt, darauf steht die Nummer des Abgangs, es sollen damit Verwechslungen ausgeschlossen werden, sicher ist sicher. Die Kinder machen sich auf den Weg, um die amtlichen Dinge zu erledigen, Rentenstelle, Polizei, Pensionskasse, was sonst noch. Das Zeitalter der Vordrucke beginnt unaufhaltsam. Der Beamte sagt: Bitte hier ausfüllen. Die Witwe muß dieses alles unterschreiben unter Vorlage des Personalausweises.
Tochter und Sohn zählen einunddreißig Formulare. 93 Prozent der Fragen sind dem Amt seit eh und je bekannt. Besonderes Interesse erweckt bei den Kindern, daß die Mutter unter Vorlage ihres Personalausweises persönlich unterschreiben soll, daß sie keine »Verbrechen gegen die Menschlichkeit« begangen habe.
Sind Sie bei Trost? sagt der Sohn.
Tag X plus 4. Es entsteht eine kurze, sprachlose Pause. Dann wird der Beamte frech und empfiehlt den Beschwerdeweg. Die Tochter sagt zu ihrem Bruder: So sieht unkündbares Ungeziefer aus, siehst du?
12 Uhr 12. Draußen scheint immer weiter unbeirrbar die Sonne. Alle Menschen sind emsig unterwegs. Am Imbißstand bei der U-Bahn-Station essen viele Leute sehr viele Würstchen, sie können schließlich nichts dafür. Das Wetter wird schlechter, hatte der Mann gestern abend im Fernsehen gesagt, also ist es, wie erwiesen, gut geblieben. Im Zimmer 496 sitzt nunmehr der Beamte und verzehrt Stulle mit Kaffee, die wohlverdiente Mittagspause, auf dem Flur warten achtzehn Menschen, um vorgelassen zu werden.
Sohn und Tochter des teuren Verblichenen fahren nach Hause zur Mutter und erzählen das Gegenteil von dem, was sie erlebt haben. Es ist alles in Ordnung.
Tag X plus 20. Die Zeit dauert und dauert, wie es sich für »Zeit« gehört. Wer weiß, wie und wo der Eiskellervater ist? Zum Krematorium ist kein Durchkommen, ständig besetzt. Offensichtlich Hochbetrieb.
Plötzlich, 16 Uhr 22, Telefon; der Bürgermeister von Langwedel am Draht; Langwedel, eine 200-Seelen-Gemeinde, Heide, ein paar Bauern, Wald, Kraut und sonst nichts. Nichts? Doch, die Kinder des teuren Verblichenen haben dort ein kleines Ferienhäuschen, der Vater liebte es, dort zu sein, Holz zu hacken, die Augen im Grünen auszuruhen, mit den Nachbarn zu reden und seine alten Witze anzubringen. Er liebte diese besondere Ruhe. Deswegen also. Und nun der Bürgermeister, Vaters alter Freund:
Tschä, hören Sie mich? Guten Tach auch. Tschä, das Paket mit Ihrem Vater war vierzehn Tage unterwegs, auf'm Paket war ne falsche Postleitzahl drauf gewesen. Aber nu isser hier, steht in meiner guten Stube auf'm Sofa. Habe

mich gewundert, daß der Topf so klein is, daß da ein Mensch, ich meine den Rest, daß der da reinpaßt, das ist wirklich gediegen. Kommt mir gar nicht so vor, als wär's der alte Herr. Tschä, und die Beisetzung habe ich für jetzt in drei Tagen arrangiert. Kümmern Sie sich bitte um den Pastor? Ohne den kriegen wir Vater nicht unter die Erde.
16 Uhr 32, Bürgermeister Meyer hat eingehängt.
16 Uhr 42 bestellen Tochter/Sohn/Mutter die Flugkarten. In Hannover ist Fluglotsenstreik, und diese Beerdigung kann ja wohl heiter werden.
Tag X plus 22. 16 Uhr 34. Tochter, Mutter und Sohn sind an Ort und Stelle, beim Bürgermeister, ein massiver Sechziger mit roten Landbäckchen. Tschä, sagt der Bürgermeister, liebe Frau, das war'n Schlag. Ich habe den Opa ja immer gern gemocht. Mit seiner Urne, da steht sie, das war'n Ding. Meine Frau hat ein Kissen unter den Topf gelegt, tschä, da is er nu also.
16 Uhr 41. Die Mutter weint.
Der Bürgermeister Meyer (mit »y«): Tschä, liebe Frau, dahin müssen wir alle mal, is nix gegen zu machen. Wenn man noch mal'n büschen Zeit hat, denkt man nicht an, aber späters, dann wird's eben so.
16 Uhr 44. Die Mutter weint. Der Vater in der Urne steht auf dem Sofa, auf dem Kissen. Die Büchse faßt etwa zwei Liter, ist amtlich verschlossen und versiegelt. Oben das gestanzte Schild mit Namen, Vornamen, geboren dann, gestorben dann, eingeäschert dann, Registernummer, es ist 16 Uhr 47. Tschä, sagt der Bürgermeister, und der Kuhlengräber hat auf'm Friedhof ein Meter vierzig ausgehoben. Frage ich mich doch sofort, wie bekommen wir ihn runter? Man kann die Urne doch nicht so einfach fallen lassen? Nein, das geht wohl nicht.
16 Uhr 51. Die Mutter weint immer noch. Sagt der Bürgermeister: Tschä, habe ich mir gedacht, es ist ja unser erstes Urnenbegräbnis hier, weil meine Frau neulich im Edeka-Laden ein Kunststoffnetz aufzubekommen hat, habe ich mir gedacht, tun wir ihn da rein, und habe ich mir weiter gedacht, wenn der Pastor redet, lassen wir ihn sachte Hand über Hand runter, nee, nich mit'm Tau, ich habe im Edeka schwarze Schnürsenkel gekauft und zusammengeknüppert, tschä, so haben wir alle was von der Sache, und sie hat ihren Takt. Was meinen Sie?
Tag X plus 22. 17 Uhr 31. Tochter und Sohn fahren zum Pfarrer, zuständig für diesen ganzen Umkreis, acht Kilometer entfernt im größeren Städtchen. Ein schmuckes Haus. Der Pastor ist um die fünfunddreißig, ein flottes Bärtchen auf der Oberlippe.
18 Uhr 14. In der Tat, sagt er, ein trauriger Anlaß. Übermorgen also? Etwas ungewöhnlich hier in dieser Gegend, das müssen Sie verstehen. Hier gibt's sonst nie Urnenbegräbnisse. »Zu Erde sollst du wieder werden«, das funktioniert wohl nicht. Geben Sie mir doch bitte mal für meine Rede was an die Hand.
18 Uhr 20, Sohn und Tochter geben Daten: vierundfünfzig Jahre Ehe, knapp achtzig Jahre alt, Musiker, spielte Flöte, zu seiner Zeit die Nummer eins in seinem Fach, Generationen von Schülern, und alles andere haben die Kinder auf einen Handzettel geschrieben, und dann sagen sie: Aber reden Sie bitte nicht zuviel. Unsere Mutter, verstehen Sie. Und wir möchten gern, daß bei

der Feier Musik gespielt wird, wir haben sie auf Tonband mitgebracht, die, die er sich dafür gewünscht hat.
18 Uhr 26. Der Pastor sagt: Da muß ich Sie leider enttäuschen. Bei uns ist das hier so: Zuerst wird gesungen, dann kommt der Posaunenchor, vier Mann, dann rede ich, dann singen wir wieder alle zusammen, noch mal die Posaunen, und am Grab draußen dasselbe noch mal. Sehen Sie, hier in der Heide ist alles anders als in der Stadt, und es ist immer so gewesen.
18 Uhr 29. Eine Spende für die Gemeindekasse seitens Tochter und Sohn. Auf den Posaunenchor wurde verzichtet, auch auf die Singerei, nachdem dem Pastor klargeworden war, daß er solo gesungen hätte, wenn.
Tag X plus 24, 13 Uhr 57. Die Urne mit Vater steht auf dem Leichentransportwagen in der noch nicht fertiggestellten Kapelle des Dorffriedhofes. Es riecht nach Regen, Farbe und Wald. Es ist kühl und nieselt nur wenig. Rund um den Leichentransportwagen sind Blumen für 160 Mark drapiert, dazu einige Leihpalmen von der kulanten Blumenfirma. 14 Uhr 03. Stimmung leer und öde. Der Pastor zieht sich um, schwarzweiß; dumm ist er schließlich nicht, in seiner Rede, sagt die Tochter zum Sohn, dürfte einiges auf uns zukommen. Achte auf Mutter.
14 Uhr 5. Der Pastor kommt von hinten, sehr ernst. Ein schwarzes Buch in der Hand, seine Notizzettel gucken oben raus. Er windet sich durch die Leihpalmen, blickt auf die Urne im grünen Edeka-Netz, dann blickt er auf das, was vor ihm in der leeren Grabkapelle sitzt: drei von der engeren Familie, zwei von der weiteren, dann der Bürgermeister, dann die schluchzende Nachbarbäuerin, bei der Vater immer die Milch geholt hatte, und mehr sind nicht da. Um 14 Uhr 7 hebt der Pastor an: Liebe Trauergemeinde, die wir hier versammelt sind, ich lese aus Korinther, und der Spruch lautet: WAS IST DER MENSCH?
Ein globales Thema. Also dauert die Rede an. Das Bärtchen auf der Oberlippe zuckt auf und nieder. Was ist der Mensch? Ja, was denn wohl? Jesus und der Heilige Geist werden bemüht, um 14 Uhr 31 verschwimmen die Schlußfolgerungen, von dem »Sack voll Schmerzen« des Andreas Gryphius hat der Pastor wohl nie etwas gehört. Das ist schade. Die Mutter ist besinnungslos vor Schmerz und kann nicht mehr weinen. Tochter und Sohn passen auf und hoffen, daß sie nichts begriffen hat.
14 Uhr 41. Nach dem »Amen« und ohne Gesang nimmt der Bürgermeister das Edeka-Netz samt Urne mit angeknüpperten schwarzen Schnürsenkeln vom Leichenwagen, die Trauergäste greifen sich die Blumen, der Kurzzug zieht zur Grabstelle »Stille Haide«, die Asche des Vaters schaukelt im Takt der Trauerschritte.
14 Uhr 43, Tag X plus 24. Ankunft vor der Grabstelle. Ein feiner Strichregen legt sich auf die Gesichter. Der Pastor beeilt sich. Die Kinder achten scharf auf ihre Mutter, damit sie nicht aus den Schuhen kippt.
Der Pastor beeilt sich. Während des Vaterunsers schippen der Kuhlengräber und der Bürgermeister das Grab zu, so ist es die Sitte. Urne, Edeka-Netz aus grünem Kunststoff und schwarze Schnürsenkel verschwinden unter der fetten Humuserde. Nun ist Vater unter der Erde in seinem ewigen Topf. Die ersten Blumen fangen an zu verwelken. Mutter sieht starr geradeaus und

hört nichts.
15 Uhr 10. Auf dem Hofe der Bäuerin, bei der Vater immer seine Milch geholt hat, frisch von der Kuh, ist der Leichenschmaus ausgerichtet. Alle sind da.
15 Uhr 16. Zunächst Kaffee und Kuchen. Der Pastor trinkt nur klare Schnäpse, ansonsten steht er, wie er sagt, auf der süßen Seite des Lebens. Hernach Schweinebraten, eine Sau wurde extra abgestochen für dieses Ereignis, dazu Spargel in jeder Menge, und der war sehr gut.
Nur der Bürgermeister war unzufrieden: Tschä, Herr Paster, daß nich gesungen worden is, paßt mir nich. Wir haben schließlich eine Traditschion, kann man nich vernachlässigen. Bei ner Leiche muß gesungen werden, haben Sie wenigstens geklingelt?
Nein, der Pfarrer hatte die Glocke nicht vergessen. Vergessen hatte er nur die Gebühr, 8 Mark. Niemand hatte Glockenläuten gehört, exakt 8,746 Kilometer entfernt. Aber so sind die Vorschriften nun einmal.
Im übrigen war der Leichenschmaus ein Erfolg. Zum Kaffee gab es hernach gute Schnäpse. Der Bürgermeister und der Herr Pastor vertrugen sich wieder, ehe sie auseinandergingen.
Tag X plus X 1, ein Tag also nach der Beerdigung. Tochter, Mutter und Sohn sind wieder zu Hause, nach glattem Fluge, keine Fluglotsenbehinderung mehr, irgend jemand hatte irgend etwas Wichtiges durchgesetzt, und so war alles wieder in Ordnung.
Zu Hause, 20 Uhr 16, nach der Tagesschau. Mutter hat sich hingelegt, ins Bett, neben dem vom Vater. Hoffentlich kann sie endlich wieder weinen. Sohn und Tochter sitzen beisammen und trinken Wein. Schluck um Schluck, der Atem geht, und Vater ist tot. Vor dem Fenster steht die schwarze, bitterschwarze Nacht.

Dieter Schupp
Lebenslauf in der Bürokratie

1.
Geburtsbescheinigung
Standesamt Laudenheim –/–
Nr. 14/1935 –/–
Hans Christian Bender –/–
ist am 24. November 1935 –/–
in Laudenheim –/–
geboren
Eltern:
Hans August Bender
und Elisabeth Eva Bender
geb. Kripp,
beide evangelisch
und wohnhaft in Laudenheim –/–
Änderungen des Geburtseintrags: –/–
Laudenheim, den 25. November 1935, Bl.
Der Standesbeamte.
Siegel.

2.
Bescheinigung über die Eheschließung
Standesamt Frankenthal (Pfalz) –/–
Nr. 58/1963 –/–
Hans Christian Bender, protestantisch –/–
geboren am 24. November 1935 –/–
In Laudenheim –/–
Standesamt Laudenheim –/–
Nr. 14/1935
wohnhaft in Frankenthal
Richard-Wagner-Ring 12 A –/–
und

Ursula Katharina Wiesmann, protestantisch –/–
geboren am 11. März 1944 –/–
in Ludwigshafen/Rhein –/–
Standesamt Ludwigshafen/Rhein –/–
Nr. 419/1944 –/–
wohnhaft in Ludwigshafen,
Bismarckstraße 37 –/–
haben am 15. Januar 1963 –/–
vor dem Standesbeamten des
Standesamtes Frankenthal (Pfalz) –/–
die Ehe geschlossen.
Frankenthal (Pfalz), den 15. Januar 1963
Der Standesbeamte.
Siegel.

3.
Bescheinigung über Eintragung eines Sterbefalles
Standesamt Bobenheim-Roxheim –/–
Nr. 39/1974
Hans Christian Bender, protestantisch, –/–
wohnhaft in Bobenheim-Roxheim, Obergasse 97, –/–
ist am 13. Februar 1974 –/–
um 14 Uhr 45 Minuten
in Bobenheim-Roxheim –/–
verstorben.
Der Verstorbene war geboren
am 24. November 1935 –/–
in Laudenheim –/–
Der Verstorbene war
verheiratet mit
Ursula Katharina geb. Wiesmann.
Bobenheim-Roxheim, den 14. Februar 1974
Der Standesbeamte.
Siegel.

Sätze von Hans Bender

Dies Alltägliche, nicht der Rede wert.

...

Irgendwann einmal, vielleicht so mit zehn, zwölf, habe ich mir sehr viel Gedanken über den Tod gemacht. Ich weiß noch ziemlich genau, wie ich mich oft krampfhaft bemüht habe, etwas anderes zu denken, aber ich bin nie davon losgekommen. Und am meisten hatte ich Angst um meine Mutter. Da bin ich manchmal nachts aufgestanden, an ihr Bett gegangen, nur um zu hören, ob sie noch atme.

...

Ich hätte das ruhig mal sagen können.

...

Ich hatte überhaupt viel Angst, aber ich habe mir das nie anmerken lassen. Im Gegenteil, ich habe dann besonders stark getan, so nach außen hin, auch damals, als meine Mutter starb. Das war an einem Montag.

...

Das ist schon so was, zu denken, ob man noch da ist, nächste Woche oder im Februar. Christiane hat am Zwölften Geburtstag. Was ich ihr denn schenken werde, hat sie mich gefragt – ich weiß gar nicht mehr, was ich ihr geantwortet habe, aber das ist schon was. – Christiane ist doch erst sieben, das heißt, sie wird acht im Februar. Zum Glück geht sie gern in die Schule. Um mich habe ich keine Angst. Komisch. Aber um die Kleine. Und auch meine Frau, habe ich schon gedacht, ob sie schon darüber nachgedacht hat, wie das denn weitergeht. Das ist mir nämlich nicht gleichgültig, natürlich nicht. Eigentlich möchte ich ganz gern noch mit ihr darüber reden, aber ich kriege das nicht fertig. Verrückt. Aber meiner Frau wäre das auch äußerst peinlich, das glaube ich sicher. Und doch müßte ich ja damit anfangen.

...

Ein Freund von mir, wir gingen zusammen in eine Klasse, der hat vor 2 Jahren einen Unfall gebaut. Auf der Autobahn. Batsch. Er soll auf der Stelle tot gewesen sein.

...

Christiane.

...

Ich weiß auch nicht, wieso ich dazu komme, das zu sagen, aber manchmal weine ich. Meistens so morgens. Ich liege ja ganz allein hier. Und die Schwestern, vor sechs kommen die nie. Das ist auch so was, jetzt tut es mir schon leid, daß ich das gesagt habe.

...

Seit Sonntag kommt der Arzt dreimal am Tag.

...

In meinem Leben war eigentlich alles ziemlich normal, von wegen Schwierigkeiten und so, keine Rede. Aber das ist mir schon immer verdächtig vorgekommen, ehrlich.

...

Ich glaube nicht, daß ich jemandem einmal auf die Nerven gegangen bin, das glaube ich wenigstens, aber das kann man ja auch nicht wissen. Jedenfalls, ich habe mich bemüht oder ich habe versucht, keinen zu quälen oder zu belästigen oder zu ängstigen. Versucht, ja, das kann man sagen. Und ich hab's immer ruhig haben wollen, so daheim meine ich, aber auch sonst.

...

So schnell hat mich nichts aus der Fassung gebracht. Und auch jetzt, ich weiß auch nicht – aber vielleicht ist das gar nicht richtig. Es ist halt nur, wenn ich mir vorstelle, daß ich den anderen das alles aufhalse.

...

Ausgerechnet im Winter.

...

Ich mache mir da nichts vor. Das ist schon so was. Da geht einem alles mögliche durch den Kopf, und man wird nie fertig damit. So habe ich halt immer noch was zu tun. Und dann habe ich ja noch die Bilder in der Schublade. Ich weiß auch nicht, ob ich das noch lange durchhalte, das Warten.

...

Ich kann auch nicht schreien.

...

Ich könnte ja aufstehen, weglaufen. Das könnte ich. Aber weit käme ich ja doch nicht.

...

Mehr hat's halt nicht sein sollen, da kann man auch nichts machen. Manchmal denke ich, ach Gott, alt werden, alt sein, wie das so ist, ich habe meinen Vater erlebt, dem haben sie noch zum Schluß die Beine abgenommen und weiß Gott noch alles.

...

Gelegentlich mache ich mir meine Gedanken über das, was die Kirche sagt, also zum Beispiel die Auferstehung der Toten. Ich weiß nicht, wenn ich da an meinen alten Vater denke, dann halte ich das gar nicht für erstrebenswert. Ein Leben nach dem Tod, offen gesagt, das gibt mir nichts. Ich möchte nur wissen, was aus denen wird, später mal, das würde mich wahnsinnig interessieren. Und daß da irgendwas bleibt, von mir, meine ich, ich weiß auch nicht, wie ich das sagen soll und überhaupt, vielleicht hätte ich das auch nicht sagen, sondern nur denken sollen.

...

Es war schön.

Nachrufe auf Hans Bender

1.

Der Allgemeine Sportverein
trauert um seinen ehemaligen aktiven Spieler
Hans Bender,
der in dieser Woche so plötzlich verschied.
Und unerwartet.
Ihm hat es unser Verein zu verdanken,
daß im Jahre 1962
der Aufstieg in die II. Amateurliga geschafft wurde,
wahrhaftig eine stolze Leistung.
Hans Bender war auf dem Spielfeld,
aber auch im Leben,
ein Vorbild unserer Jugend,
vor allem ein guter Kamerad.
Als Vorsitzender des Allgemeinen Sportvereins
habe ich die traurige, aber ehrenvolle Aufgabe,
Ihnen, liebe Frau Bender,
unsere ganze Anteilnahme auszudrücken.

Sie dürfen versichert sein,
daß wir alle, die wir um Ihren Mann trauern,
in großer Ehrerbietung Abschied nehmen
von einem großartigen und fairen Sportler.
Im Auftrag des Vereins
lege ich an diesem Grab diesen Kranz nieder.
Lieber Hans,
ruhe in Frieden.

2.
Im Namen seiner Klassenkameraden
habe ich die Aufgabe,
am Grab unseres Kameraden Hans Bender
dieses Gebinde niederzulegen.
Wir alle waren zutiefst erschüttert,
als wir hörten,
daß Hans nicht mehr unter uns weilt.
Er hat uns für immer verlassen.
Es hat einen der Besten getroffen.
Wir, seine Kameraden und Freunde,
werden ihm ein ewiges Andenken bewahren.

3.
Im Namen der Firma Gebhardt & Co.
habe ich die ehrenvolle Pflicht,
diesen Kranz am Grab von Hans Bender niederzulegen.
Herr Bender gehörte unserem Betrieb
über siebzehn Jahre lang an
und hat sich hierin vor allem
durch seine gute Arbeit und seine unerschütterliche Kameradschaft,
durch seinen Fleiß und seine stete Hilfsbereitschaft
verdient gemacht.
Die Firma Gebhardt & Co. hat ihm viel zu verdanken.
Dies werden wir allezeit zu schätzen wissen.
Wir trauern mit Ihnen, verehrte Leidtragende,
indem wir Ihnen unsere tiefempfundene Mittrauer
zum Ausdruck bringen.
Möge er ruhen in Frieden.

4.
Als Vorsitzender des Kulturausschusses,
dem Hans Bender sechs Jahre lang angehörte,
habe ich den Auftrag,
an seiner Bahre diesen Kranz niederzulegen.
Wir alle, die wir ihn kannten
und mit ihm zusammenarbeiteten,
wissen, was wir mit ihm verloren haben.

Seine Anregungen und Impulse,
aber auch seine kritischen Einwände
haben unsere Arbeit für unsere Gemeinde stets befruchtet.
Er hinterläßt eine Lücke,
die nur sehr schwer zu schließen sein wird.
Nun hat das Schicksal hart zugeschlagen.
Wir, in unserer Vergänglichkeit,
im Gefühl unserer Ohnmacht,
vermögen lediglich,
dem Verstorbenen die letzte Ehre zu erweisen,
mit dem Versprechen:
Wir werden seiner nie vergessen.
Stumm verneige ich mich vor seinem Sarg.

Otto Heinrich Kühner
Der Tod von Onkel Franz

Ein Requiem

Franz Heck, Fabrikant:

Wohlstand ist schön, aber hinterher
Stirbt man um so mehr;
Wer immer schon auf der Erde schlief,
Der Clochard etwa, der fällt nicht tief.
Aber vielleicht stehn noch drei Jahre an,
Die Lebenserwartung ist ja 70 beim Mann,
Und Prof. Roth sagte, daß es vorübergeht
Und daß kein Anlaß zu Besorgnis besteht.

Rezitativ:

Plötzlich war alles wie ein Choral,
Digitalis und Strophantin,
Das Wasserglas wie der Heilige Gral,
Die Decke ein Baldachin.

Im geöffneten Fenster spiegelten sich
Der Himmel im letzten Blau,
Ein Baumwipfel, kahl und novemberlich,
Und der Rauch vom Wirtschaftsbau.

Der 5-Uhr-Bus fuhr gerade vorbei,
In der Pappel ein Sonnenstrahl,
Von der Straße hörte man Kindergeschrei,
Und drunten ging das Portal.

Ernst Ludwig, Beamter im Statistischen Amt:

Der noch vor ihm gestorben wäre,
Arno Vogt – ein tragisches Geschick –
Starb an der Eisenbahnbarriere
Durch das Verkehrsunglück.
Aber sonst, nach Art und Zahl,
War sein Tod ideal:
Übergewicht, pyknische Gestalt,
Bewegungsmangel, 67 Jahre alt,
Leitender Mann in der Industrie,
Fehlende Familienharmonie,
Aus dem Nordwesten des Landes,
Mann des gehobenen Standes,
Dazu Sonnenprotuberanzenjahr,
Föhn, Luftdruck 1040 Millibar,
In der Tat
Ein idealer Todeskandidat.

Rezitativ:

Im Sankt-Katharinen-Krankenhaus
– Es war wie immer Viertel vor acht –
Fuhr Kowallik einen Sarg hinaus,
Aus dem Seitentor neben dem Kohlenschacht.

Der Lieferwagen der Firma Meier
Fuhr gerade durchs Tor herein
Und brachte Kartoffeln, Gemüse und Eier.
Alles ist allgemein.

Gustav Knecht, Sargträger:

Natürlich ist ein Begräbnis I. Klasse
Gewichtiger als soziale Sterbekasse,
Aber wenn er 50 Pfund leichter wäre,
Wär's keine Einbuße für seine Ehre.
Aus unserer Sicht
Besteht ein Gewicht
Sowieso nur aus Körperschwere.

Ruth Heck, Schwägerin:

Schon tot, und schon so bald,
Und war doch noch gar nicht alt!
(Sie war ungefähr

So alt wie er)
Er hätte 100 werden können,
Aber das ewige Hetzen und Rennen!
Und er hatte ja seit eh und je Beschwerden,
Ich riet ihm immer, an Gewicht abzunehmen!
Ach, der Tannenduft und die Chrysanthemen!
Eigentlich ist es auch schön, beerdigt zu werden,
Schon, was man da, durch die andere Sphäre,
An Weihe gewinnt, an Ansehn und Ehre.

Martin Seiffert, Pfarrer:

Zwei Hochzeiten noch, Besuche im Hospital,
Altennachmittag im Gemeindesaal,
Eine Taufe, Sprechstunde im Pastorat,
Konfirmandenunterricht und Rundfunkrat.
»... So bleibt uns, Trauernde, diese Zuversicht ...«
Das Dunkel ist immer ein Schatten von Licht,
Es gäbe doch sonst nicht diesen kolossalen
Aufwand an Glauben, Priestern und Kathedralen,
Und Glauben ist auch Aufgabe und Pflicht
Wie der Konfirmandenunterricht.
»... Kraft meines Amtes in Gottes Namen,
Er ruhe in seinem Frieden! Amen.«

Bruno Klein, Nachbar:

Wie oft wünschte ich schon, ich wäre Herr Heck,
Und wäre heraus aus dem gröbsten Dreck!
Aber es ist doch ganz gut, dieses Mein und Dein,
Und ich bin doch eigentlich ganz gern Herr Klein.

Rezitativ:

Er diktierte gerade seinen Geschäftsbericht,
Worin er unter anderem davon spricht ...
Aber es blieb unvollendet wie
Schuberts Achte Symphonie:
Einer, der nur unterbricht.

Wie eine Hausfrau in ihrem Eingemachten
Weiterlebt, der Landwirt im Eingebrachten,
So er in seinem Konto auf der Bank,
In seinem Testament im Panzerschrank,
Und – in dem noch nicht zu Ende Gedachten.

Albin Rösler, Unternehmerverband:

... Daß ich in meiner Rede alles vermerke:
Erschaffer der Franz-Heck-Metallwarenwerke,
Präsident, Ehrenvorsitzender, und vertreten
In zahlreichen Vorständen und Aufsichtsräten.
Und dann: Er war für alle ein Wegbereiter,
In seinen Werken und Kindern lebt er weiter ...

Klaus-Dieter Heck, Sohn:

Verschwunden der Berg,
Dieser Prinzipienreiter,
Immer klüger, immer gescheiter,
Der Halbgott vom Metallwarenwerk.

Hatte es immer mit Arbeit und Pflicht
Und von Zukunft, der Alte.
Ob ich das Ganze einmal behalte,
Weiß ich sowieso noch nicht.

Jedenfalls werde ich's erst einmal erben,
Die Safes und Papiere, die Fabriken.
Man sieht, nicht nur Ärzte und Katholiken,
Selbst Hypochonder sterben.

Da ist auch wieder der alte Geruch:
Zigarettenrauch, Schnaps und Jasmin,
Der Duft nach Leder, Schweiß und Benzin,
Und der Wilddunst im Badetuch.

Marion Heck, Tochter:

Verreist, und kein come-back,
Und – eigentlich peinlich –
Liegt jetzt da im Dreck
Und war immer so reinlich.
Und in einer Zeit, irgendwann ...
Besser, man denkt nicht daran!
Viel schlimmer und krasser
Geht's jedenfalls nicht,
Warum wird man nicht Wasser,
Metall oder Licht?
Oder daß man einfach verpufft
Zu Gas oder Luft.

Regine Heck, Ehefrau:

Ich wollte ihm in den letzten Tagen
Immer irgend etwas Wesentliches sagen,
Über die Liebe oder das Gebet.
Jetzt ist es zu spät.
Und, in seinem Bücherschrank versteckt,
– Sein Sterben erst hat es nun entdeckt –
Stehn eine Bibel, eine Anleitung zum Malen,
Ein Buch über Spinoza, über die Mystik der Zahlen,
Freilich auch ein Album, ›Der Frauenakt‹,
Und sich selber hatte er völlig nackt,
So, als hätte ich nicht existiert,
Mit Selbstauslöser fotografiert.

Norbert König, Schwager:

Vor der Kirche, jenseits der Friedhofsmauer,
Stand ein Auto, ›K. Friz, Orgelbauer‹,
Aus der Bäckerei trug man zwei Torten heraus,
Und aus dem Tor eines Seitenbaus
– Der Pfarrer sprach gerade vom Paradies –
Fuhr ein grauer Lastwagen mit Kies.
Dann zogen mit schrillem, pfeifendem Ton
– Der Pfarrer sprach gerade hiervon –
Am Himmel drei Düsenjäger dahin.
Auf der Straße ging, voll Hintersinn
– Der Pfarrer sprach von der Ewigkeit –,
Eine junge Frau im Umstandskleid.

Chor der Frauen:

Er ging doch immer in bestimmten Perioden
Zur Kur nach Nauheim und Bad Soden,
Sogar zu Professor v. Schenk nach Wien,
Und wie hoch ist der Stand der Medizin!
    Das alles erlebte man schon immer
    Fünfzig- und hundertfach.
    Die kleinen Tode im Wartezimmer
    Und die Auferstehungen danach.
Bei Novemberschnee ist einem die Welt
Im Grunde sowieso vergällt,
Anders als in der Zeit der Markisen,
Der Segeljachten und Sommerwiesen.
    Das ist der Preis für den Besuch Madrids,

Für Mallorca, Sankt Moritz und Biarritz,
Für den Blumenkorso an der ›Bellevue‹
Und den Blick vom Balkon auf den Piz Palü.

Chor der Männer:

Jetzt erlebt er nicht
Den neuesten Wirtschaftsbericht,
Die Studie des Unternehmerverbands,
Auch nicht die letzte Bilanz,
Erlebt nicht die neueste politische Lage,
Den Entscheid der Arbeitsklage,
Nicht einmal die letzte Phase
Der neuen Umgehungsstraße.
Gewiß, wir leben weiter:
Terrasse, Garten und Markise,
Aber auch Mundgeruch und, leider,
Ruth und Elise.
Er besitzt jetzt, gegen das Sterben gefeit,
Eine Art von Unsterblichkeit,
Und er bekommt nun nie
Meningitis oder Pneumonie.

Rezitativ:

Da liegt noch sein Kugelschreiber parat,
Als käme er heute nur ein wenig später,
Aber dort an der Couch standen die Sanitäter,
Die beiden, mit dem Sauerstoffapparat.

Heute früh kam eine Drucksache für ihn:
»Sie haben Glück bei der Lotterie Bender«,
Und in seinem Terminkalender
Steht für morgen 9 Uhr 30 ein Flug nach Berlin.

Da hängt noch sein Hut und sein Cutaway,
Auch das Urlaubsbild aus Bad Soden,
Doch er liegt anderthalb Meter unter dem Boden,
Und darüber liegt grauer Novemberschnee.

Martin Seiffert, Pfarrer:

Das ist nichts Natürliches,
Dieses Sterben, nichts ›Kreatürliches‹,
Er war schließlich kein Tier,
Er dachte über sich nach, spielte Klavier,

Er war und ist etwas völlig anderes,
Gegensätzliches, Unbekannteres,
Ein Widerspruch zu alledem,
Zu Vergehen, Verwesen und Lehm,
Vielleicht schon eine neue Person,
In einer 6. oder 7. Dimension,
Wer weiß; es existiert ja Zeit
Nur durch Unvergänglichkeit,
Und man ersehnt oder vermißt
Nur, was ist.

Tutti:

Denkt beim Frühstück, daß auch König Lear
Und Plutarch frühstückten wie ihr!
Selbst jener Mensch von Elberfeld,
Sein Kiefer beweist es, liebte die Welt.
Vor allem aber vergeßt es nie:
Euer Haus liegt auf einem Tertiär-Chassis!

Hans May
Protokoll: Station 3a

»Ist da Pfarrer Hachmüller?«
»Ja.«
»Hier ist das Städtische Krankenhaus, Station 3a, Schwester Heidi. Bei uns liegt Herr Wille aus der Alpenstraße. Der Mann liegt in den letzten Zügen. Die Angehörigen lassen Sie bitten, zu kommen.«

Hachmüller rief eine Taxe und machte sich fertig. Der Wagen kam.
»Wo darf ich Sie hinfahren?«
»Ins Krankenhaus.«
»Haben Sie es sehr eilig?«
»Ja.«
Das war alles, was sie sprachen. Aber der Mann hatte verstanden. Die Spannung übertrug sich. Er fuhr schnell und konsequent. Es war 14 Uhr 30, als sie ankamen. Station 3a bestand aus einem Saal mit ca. 20 Betten, einem anschließenden Raum mit 6 Betten und einem Behandlungszimmer. Auf manchen Stationen war das Sterben nicht vorgesehen. Wenn aber jemand stirbt, wird er in das Badezimmer geschoben. Es gibt keine andere Möglichkeit.

Herr Wille, ein Mann von 59, war in ein Mehrzweckzimmer auf dem unteren Flur gebracht worden. Ein leeres Bett stand noch im Raum. Als Hachmüller kam, war Willes Frau bei ihm, Sohn und Schwiegertochter und ein befreundetes Ehepaar. Wille atmete stoßweise. Die Augen wirkten übergroß in dem eingefallenen Gesicht. Der Mann konnte nicht mehr sprechen, verstand aber noch, was gesprochen wurde. Sie beteten zusammen. Das »Amen« nach dem Vaterunser versuchte er noch zu sagen, dann Stille. Man hörte nur das Atmen des Kranken, und von Zeit zu Zeit weinte die Frau leise auf. Ihre Finger knöpften unablässig an den beiden oberen Knöpfen seines Schlafanzuges, als gelte es, alle Fürsorge aufzubieten, damit der Mann sich nicht erkälte.

Nach einer Stunde kam ein Arzt, ein ganz junger Mann, Ausländer. Er öff-

nete leise die Tür. Nicht ängstlich, aber scheu trat er in das Zimmer. Behutsam schob er mit den Fingerspitzen den Ärmel des Schlafanzugs herauf, um den Puls zu fühlen. Dann zog er den Ärmel wieder herunter, nickte der Frau langsam zu, rieb seine offenen Handflächen einmal in einer verlegen hilflosen Geste aneinander, drehte sich um und ging. Man spürte seinem Rücken die Erleichterung an. Langsam und vorsichtig, mit leicht gesenktem Kopf drückte er die Klinke herunter.
Hachmüller fragte ihn auf dem Flur.
»Nur noch ein paar Minuten, Lungenkrebs.«

Die Atmung wurde schwächer. Nach einer weiteren Stunde gehen die Freunde. Was sollen sie sagen? Der Mann steht an der Tür, dreht seinen Hut in den Händen, zieht ein Taschentuch aus der Manteltasche, wischt sich über den Mund, holt Luft, man sieht ihn überlegen, wartet auf ein Wort, aber dann schüttelt er den Kopf, dreht sich um, klinkt die Tür auf und geht. Die Frau sagt: »Auf Wiedersehen, Friedrich.« Aber sie steht isoliert. Niemand sieht sie an, alle blicken auf den Sterbenden. Es kommt keine Antwort. Sie dreht sich um, folgt ihrem Mann mit gesenktem Kopf, sucht im Gehen das Taschentuch in der Handtasche. Der Mann schließt die Tür.

Das Gesicht des Sterbenden verändert sich. Die Frau weint leise und streichelt unablässig die Hand ihres Mannes, der auf nichts mehr reagiert.
»Friedrich, du hast mir doch gesagt, du wolltest mich nicht allein lassen.«

In diesem Augenblick hört man durch die einfache Tür, wie sich auf dem Gang offensichtlich ein jüngerer Mann, der entlassen worden ist, von der Schwester verabschiedet. Seine Frau holt ihn ab.
»Und besten Dank noch mal für alles, Schwester.«
»Ist doch selbstverständlich. Sie müssen sich nur noch schonen.«
»Ach, das haut schon hin. Was meinen Sie, wie schnell ich auf Zack komme, wenn ich erst mal wieder in Gang bin.«
»Sie müssen auf Ihren Mann aufpassen.«
»Da können Sie sicher sein, ich werde ihn jetzt schon wieder hochbringen.«
»Also: Auf Wiedersehen und alles Gute. Hier, Ihren Entlassungsschein.«
Frau Wille leidet unter der Stimme auf dem Flur, als bohre jemand in einer offenen Wunde. »Friedrich, du hast mir doch gesagt, du wolltest mich nicht allein lassen, du hast es doch gesagt!«

»Er wollte noch mal mit mir verreisen.«

Hachmüller ging in das Stationszimmer und wollte zu Hause anrufen. Schwester Heidi telefonierte gerade und wartete auf Verbindung.
»Bitte, nehmen Sie einen Augenblick Platz, Herr Pfarrer. Ich muß nur noch eben ein Gespräch mit der Polizei erledigen.«
Freundlich, entgegenkommend, fast ein wenig besorgt, schob sie Hachmüller einen Stuhl hin.
Er setzte sich neben den Tisch. Die Tür stand offen, die des Behandlungsraumes gegenüber auch. Auf der Pritsche lag ein Mann, gekleidet, als ob er von der Arbeit gekommen wäre. Kopf tief, Brechschale, rechter Arm seitlich

hängend mit Dauertropfkanüle. Reglos. Es war nicht auszumachen, ob er noch atmete. »Hallo! – ist da die Wache? Na, ihr schlaft aber den Schlaf des Gerechten, was? – Sagen Sie mal, ein Kollege von Ihnen hat uns heute morgen so 'nen Knaben gebracht, der hat Rattengift geschluckt.«
»Warum? Weiß ich das? Wir brauchen noch die Personalien von dem Kerl.«
– –
»Fragen kann man ihn nicht, sonst hätten wir das doch längst getan. Der ist noch gar nicht bei Bewußtsein.«
– –
»Ja, seine Klamotten haben wir auch durchsucht, soweit man da reinfassen konnte. Der ist fürchterlich dreckig.«
– –
»Ja, durchkriegen werden wir den Salzknaben wohl, aber das dauert zu lange. Also, schreiben Sie Ihrem Kollegen mal einen Zettel, daß er uns anruft. Wann kann man denn morgen früh bei Ihnen anrufen?«
– –
»Na, wir fangen um sechs an, aber alle Beamten doch erst um acht!«
– –
»Was, um halb acht? Dann frühstücken Sie ja doch erst!«
– –
»Nein, das ist keine Beamtenbeleidigung. Das ist 'ne Feststellung.«
– –
»Ich zu Ihnen? Nee – ich hab' mir das mal überlegt, aber der Haufen paßt mir nicht. Also, machen Sie das in Ordnung, nicht? Wir warten darauf.«
Hachmüller rief zu Hause an und ging in das Zimmer zurück. Kurz vor sechs schwere Hammerschläge im Keller, Handwerker brachen eine Zwischenwand durch. Als sie nach ganz kurzer Zeit aufhörten zu schlagen, hatte der Mann aufgehört zu atmen. Er war still. »Friedrich, nun bist du doch weggegangen. Nun bin ich allein.« Sie sprachen ein Dankgebet, baten um Vergebung. Die Frau: »Der hat nie was Böses getan, der nicht. Nur Gutes, immer nur Gutes.«

Hachmüller sah die Frau schweigend an. Dann drehte er sich um und griff nach seinem Mantel. Die Schwester kam. Es blieb für die Angehörigen nichts zu tun. Der »Unternehmer« würde alles andere »erledigen«. Sie gingen. Der Sohn bot Hachmüller an, ihn nach Hause zu fahren. Mercedes 220 S. Sie stiegen ein. Hachmüller überlegte, ob der Wagen dem Sohn gehören könnte. Hachmüller hatte mit einem Volkswagen, bestenfalls mit einem Opel gerechnet. Der Sohn war ein großer, starker Mann von vielleicht 38 Jahren. Sein Gesicht war völlig ausdruckslos und unbedeutend. Aufgefallen waren Hachmüller nur seine Hände.
Vorher, am Bett, hatte er mehrfach versucht, seine Mutter zu trösten, aber ihr Kopf konnte das Gewicht dieser Hand nicht tragen und sank nach vorn. Wenn er nach der Hand seines Vaters gegriffen hatte, zog er unbeholfen wieder zurück. Seine Finger waren zu unbeweglich, um sich um die zarte, durchsichtige Hand des Sterbenden zu schließen. Dies alles war ihm unangenehm. Es war mit Kraft nicht zu bewältigen. Man merkte den unsicheren

Tatzen den Wunsch an, es möchte vorbei sein. Diese Hand war zum Trösten nicht gemacht.
Sie stiegen in den Wagen. Er zog den Zündschlüssel aus der Tasche. In dem Moment, in dem seine Finger das Metall berührten, gewannen seine Hände Geschmeidigkeit. Der Motor sprang an, er spannte den Rücken. »Das Leben« begann wieder. Mit einem Seufzer gab er Gas, dann schaltete er den Gang ein. Man merkte dem Mann die Erlösung an, daß er etwas tun konnte. Es ging vorwärts. Man konnte Gas geben und bremsen.
In der Kurve fuhr er gegen den Bordstein.
Der Wagen schleuderte.

Winfried Rorarius
Sich stellen

Wenn man längere Zeit in einer Klinik tätig ist, fällt einem auf, daß zwar ab und an – wie das natürlich auch sonst im gesunden Leben der Fall ist – der Tod zur Sprache kommt, aber im Grunde doch nur am Rande. Das ist verständlich, wenn man sich Sinn und Zweck einer solchen Institution vor Augen führt. Ihre überragende Bedeutung findet sie keineswegs darin, daß sie den Menschen auf den Tod vorbereiten soll. Das genaue Gegenteil ist der Fall. In erster Linie hat sie der Gesundheit, und das besagt, dem Leben des Menschen zu dienen. In ihr geht es um die Wiederherstellung, zumindest um Besserung der Leiden, damit der Mensch wenigstens leidlich weiter, vor allem länger zu leben vermag. Es ist erstaunlich genug, daß der Mensch in den zivilisierten Ländern seine Lebensfrist enorm ausgedehnt hat und sich heute die durchschnittliche Lebenserwartung auf annähernd 70 Jahre beläuft. Für das Leben ist darum auch die ganze ärztliche Kunst, einschließlich aller Heilmaßnahmen, ins »Leben« gerufen worden. Aus gewichtigen Gründen verschweigt man daher dem Todkranken sein demnächst bevorstehendes Ende – übrigens nicht nur diesem, sondern oft auch mit guten Gründen den Angehörigen. Natürlich kann man darüber verschiedener und anderer Ansicht sein. Aber das alles ändert nichts an dem Umstand, daß der Tod der große, unheimliche Fremde in unserem Leben ist, dem wir alle bis zum letzten Atemzug aus dem Wege zu gehen versuchen. Denn wir verabscheuen ihn zutiefst, weil er in keinem Falle zum von uns trotz allem so erwünschten, ja geliebten Leben gehört. Er stellt den großen Störenfried, den Unruhestifter in unserem Leben dar, den es daher auf alle nur erdenkliche Weise zu ignorieren gilt.

Gelegentlich beobachtet man im Krankenhaus noch etwas anders gelagerte Konstellationen, in denen Insassen mit dem Tod konfrontiert werden. Wir können hierbei von einem reaktiven Verhalten sprechen. Es kommt vor, daß ein anderer, vielleicht der kranke Zimmergenosse, stirbt. Solches spricht sich meist »leise« in der Klinik herum. Und jetzt wird man auf den sonst »übersehenen« Tod aufmerksam gemacht. War man länger mit dem Betreffenden zusammen, befällt einen vielleicht für eine gewisse Zeit Trauer. Im

Grunde ist man selbst aber froh darüber, daß man noch nicht an der Reihe war oder, im Blick auf die Zukunft, daß es mit einem vielleicht noch einmal gutgehen wird. Und schon ist der Tod wieder in den Hintergrund unseres Bewußtseins gerückt, kaum daß er an die Schwelle unseres Lebens im Tode des anderen hintrat.
In Nervenkliniken sehen wir noch eine andere Form reaktiver »Bewältigung« des Todes – dann nämlich, wenn beispielsweise bei Ehepaaren oder in Freundschaften, die lange gewährt und im Laufe des Lebens sich zu innigen Gemeinschaften, wie man psychologisch sagt, zu gegenseitigen Identifizierungen ausgebildet haben, damit jeder gleichsam ein integrierender, lebensnotwendiger »Bestandteil« des anderen geworden ist, der eine Partner stirbt. In diesem Falle kommt es so gut wie immer zu tiefgreifenden, inneren Zusammenbrüchen, die den Zurückbleibenden buchstäblich an den Rand des Lebens werfen. Als Regel kann man aufstellen, daß je länger und intensiver solche Lebenspartnerschaften geführt wurden, um so tiefer die »Abstürze« sind. Sie können so tief sein, daß der andere – ob gewollt oder ungewollt – ebenfalls seinen letzten Gang antritt. Aber auch in einer solchen Situation überkommt der Tod den Menschen – im Grunde ungebeten, ungefragt. Der Mensch wird zum Opfer seiner oft grausam empfundenen Schrecklichkeit. Bleibt der andere am Leben, hallt das dunkle Todesdröhnen gleich einem Beben im Untergrund noch lange Jahre, nicht selten den verbleibenden Rest des Lebens nach – vielleicht, daß solches den Menschen mehr zur Besinnung seiner wahren Situation kommen läßt.
Charakteristisch ist für den modernen Menschen die Ausklammerung des Todes, und man kann sagen, daß sie, äußerlich gesehen, zu Buche des Lebens schlägt. Es ist an ihm selbst – so meint man gemeinhin – todesfeindlich. Dabei wollen wir nicht verhehlen, daß diese Tendenz zusätzlich noch durch alle dem Leben, seinem Fortbestand und der Ausweitung der Lebensgenüsse dienlichen modernen Einrichtungen bestärkt wird. Gerade die moderne Wissenschaft, vor allem die Technik, trägt in ungeahntem Ausmaß das Ihre dazu bei, die Binnenorientierung und die Selbstfaszination des Lebens noch zu steigern. Der immer perfektioniertere Lebenskomfort spricht eine nur allzu deutliche Sprache. Für den modernen Menschen stellt sich, im Überschlag gesagt, das Leben als eine weitestgehend in sich zentrierte und in sich schwingende Wirklichkeit dar, die sich nicht nur gegen den es begrenzenden Endpunkt, den Tod, absetzt, sondern ihn gar nicht oder, wenn doch, nur flüchtig zur Kenntnis nimmt.
Und doch gehört der Tod unwiderruflich zum menschlichen Leben. Es ist das Wissen um ihn eine der fundamentalen Bestimmungen der Humanität, auch der modernen. Daher ist es eine ernste Frage, ob wir den in unserer Epoche noch gesteigerten Lebensillusionismus widerspruchslos hinnehmen oder sogar mitmachen sollen – jenen Illusionismus, in dem sich der Tod unserem Blick allenfalls in schemenhaften, kaum wirklich zu nennenden Umrissen darbietet, oder ob wir nicht vielmehr eine große Anstrengung unternehmen müßten, ihn dort hinzustellen, wo er einen ihm gebührenden Platz finden könnte, in das Zentrum und nicht an die Peripherie unseres Lebens.

Bei einem solchen Versuch könnte sich allerdings eine erneute Gefahr abzeichnen, die kaum jener Gefahr des illusionistischen Totschweigens nachstünde, nämlich ihn, wie man sagen könnte, zu humanisieren und damit zu verharmlosen.
Worauf es ankommt, ist eine echte, nicht beschönigende Konfrontierung mit dem Tod. Diese Einstellung wollen wir Todesdialektik nennen, in der Größe und Herrlichkeit des Lebens so wenig geschmälert werden sollen wie Größe und Furchtbarkeit des Todes. Nur auf diese Weise erfahren wir ihn in seiner unaufhebbaren, dunklen Kontrapunktik, wenn wir ihn also als den unversöhnlichen Widerspruch zum Leben austragen und durchleiden. Weit gefehlt, daß wir hierbei selbstquälerischen Ambitionen das Wort reden (Tiefenpsychologen könnten unter Umständen masochistische Neigungen hineindeuten), meinen wir, dem menschlichen Tode gerecht zu werden, wenn wir mit allem Nachdruck auf seine schreckensvolle Unausweichlichkeit hinweisen und uns ihr stellen. Erst wenn wir uns einer solchen ungeschminkten Sicht der Dinge unterziehen, lassen sich weitere Schritte seiner Bewältigung in Erwägung ziehen und vorbereiten. Denn gerade das Schrekkenerregende an ihm kann uns aufrütteln und uns in eine neue, vorerst nur geahnte Orientierungsrichtung drängen. Und in der Tat hat der Mensch die Möglichkeit dazu, die ihm kraft der unvergleichlichen Auszeichnung seiner Sprache gegeben ist, nämlich zu fragen, selbst das scheinbar Endgültige – den Tod – in ein tieferes Fragen hineinzunehmen und es damit fragwürdig werden zu lassen. Wie der Mensch unablässig nach dem Leben fragt und es erforscht, vermag er sich auch in die unheimliche Dunkelheit des Todes fragend hineinzubegeben. Und schon dieses Fragen bedeutet ein erstes Lichten. Wie, wenn unter ihm – dem schauerlichen Abgrund – sich doch noch ein Leben fände, an das unzählige Generationen vor uns glaubten? Wie, wenn es auch für uns moderne Menschen eine Ahnung der Fortsetzung des Lebens nach dem Tode gäbe – vernehmbar im Decrescendo und Diminuendo der Musik –, wie es V. v. Weizsäcker einmal großartig in Worte faßte? Indem wir uns diesem Fragen stellen, haben wir durch sie den Tod schon ein Stück weit überwunden. So, wie wir um uns wissen, Bewußtsein von uns selbst besitzen und deswegen nach uns fragen und auf diese Fragen irgendwie Antworten finden können, wissen wir um den Tod, nach dem wir deshalb fragen und auf den wir Antwort zu geben versuchen.

Wolfdietrich Schnurre
Elegie

Sag, wirst du mild sein?

Wie wirst du kommen?

Wirst du kommen auf Schneefalkenschwingen,
falb wie der Mehltau, die Kielbrust
in Daunen verborgen, die der Ostwind,
der seidige Fechter, zu Frostmessern schliff?

Wirst du kommen auf Mammutschreitsäulen,
im zottigen Fell den Moschusduft noch
jener wesenden Welt, deren Odem am Morgen
die Gaumen der Schläfer entsetzt?

Wirst du kommen im Elfenbeinschlitten,
den die narbenbedeckte Elchkuh
Vergänglichkeit zieht; ein eulengesichtiges
Eskimoweib, in den Bluttran
nach außen gekehrter Robbenfelle gehüllt?

Wirst du kommen auf Sandsturmstelzen,
umheult von Hyänen, den Aasgeierkopf
aus dem verkarsteten Schultergebirge
herniederrecken zum Fraß, und im Auge
ein Feuer, das selbst Wüsten noch
in Lavafelder verwandelt?

Wirst du kommen auf Muschelpfahlstümpfen,
vor Krebspanzern klirrend, die Flossenfaust
saugend um die Sanduhrgurgel gepreßt,
daß der Hund ein Gesicht hat, die Magd sich
am Kreuz die Stirne zerschlägt und
der Nachbar einen Albatrosschatten
aufsteigen sieht über der bröckelnden Esse?

Wie wirst du kommen?

Auf Rädern, Tod, geschmückt mit Girlanden,
wie die erste Eisenbahn kam: ein keuchender Gruß?
Wirst du ein Aluminiumpfeil sein, zielsicher,
mit pergamentenem Schaft, und im Sog
deines sirrenden Flugs Elektronenmusik?
Wirst du ein Stahlkoloß sein, tauüberhaucht,
der auf lautlosen Gleitketten rollt?

Wirst du als Lemmingheer kommen, hechelnd, bereit,
dich ins Blutmeer der Venen zu stürzen?
Wirst du als Drahtvogel kommen, reglos und
riesig, den rostig geäderten Rumpf mit dem Rauch
längst erloschener Vulkane gefüllt?
Wirst du aufgehn als Nordlicht?
Wirst du fallen als Ruß?

Sag, wirst du mild sein?

Wird es dir möglich sein, die Gestalt
eines Rens anzunehmen, ruhig äsend
über die träumende Moossteppe der Seele zu ziehen,
ohne mit dem knackenden Huf
an die verstreuten Schneehasenskelette zu rühren?

Kannst du, mein Tod, nicht kommen, umweht
vom Geruche blühender Linden, und summend
vor Bienen: ein dörrender Hauch, der am Abend
die Unterseite der Blätter verfärbt?

Kannst du nicht kommen als arktischer Frühling,
den Frost dieses Lebens hinwegtauen, daß,
was bleibt, wie ein Anger erblüht, mit
Wildgansketten und Schmelzwasserschmuck
überschüttet, und im flechtenbehangenen
Haar den silbernen Strandläuferpfiff?

Kannst du nicht kommen als lächelnde Viper,
den lavendelfarbenen Leib in stillen Spiralen
durch den glühenden Wüstensand bohren, zornlos
das Gift deines Bisses dem Fuß anvertrauen
und fortgehen: sanft, eine verwehende Welle im Staub?

Kannst du nicht kommen als lederner Fisch,
mit gelassenem Flossenschlag die
Brackwasserregionen fader Gewöhnung zerteilen
und dich hinabsinken lassen, schwer, auf den Grund
aller Tage und mich das Aufsteigen lehren?

Kannst du nicht sein wie die Qualle,

verschleiert hergezuckt kommen, schräg
durch die Flut, das Bündel rosiger Arme
liebevoll um das taumelnde Treibgut geschlungen?

Sag, wirst du mild sein?

Wird es dir möglich sein, den Umriß
eines Kranichs zu wählen, federnd dich
abzustoßen vom Sumpf der Verderbnis und sieghaft
hinaufzuziehen in den farblosen Lichtkern des Nichts?
Kannst du, mein Tod, nicht kommen als Einhorn,
unbeirrbaren Ganges mir den Fluchtpfad
bereiten durchs splitternde Bambusdickicht der Welt?

Kann dein Atem nicht Eisblumen hauchen
auf die lidlosen Augen, so zart ziseliert,
daß das Herz vor Entzücken zu schlagen vergißt?
Kann deine Stimme nicht sein wie das Gurren
der Taube mittags im Schlag: einschläfernd, süß,
den Marder verleugnend, den Habicht, nur
Zärtlichkeit, Werben und dumpfe Verzückung?
Kannst du nicht sein wie ein Schneefall?
Kannst du nicht aufgehn als Mond?

Sag: Wie wirst du kommen?

Ach, Tod, du wirst kommen, gesalbt
mit dem Grauen der Welt: blitzend
die verchromten Spinnbeine aufheben
über Spitalbetten, Fiebernden deinen
narkotisierenden Atem in die Angstträume
jagen, daß sie dich sehen als wölfischen Arzt.

Kommen wirst du, gebettet ins Schwirren
rötlicher Heuschreckenschwärme, blicken wirst du
aus Rohren schwarzer Geschütze, den Schächten
ertrunkener Untergrundbahnen, lauschen
mit Radartellern, die umkränzt sind
von Fledermausflaum, und singen
wirst du im sprühenden Lied der Raketen.

Ach, Tod, du wirst sein ein großes Erschrecken;
spreizen wirst du den Eidechsenflügel, geschüttelt
vom Dröhnen des Motorgehirns; sitzen wirst du
am beinernen Schaltbrett ferngesteuerter
Wolken, aufsteigen wirst du im Gaspilz,
dich hinlagern über die Himmel, niedergehen
in Asche und Anbetung heischen, umglänzt
von der Monstranz vergifteter Strahlen.

Umgehen wirst du, behängt
mit den fasernden Häuten Gehenkter;
paradieren wirst du im lautlosen Schritt
verstohlener Mörder; grüßen wirst du dein Volk
herab von Tränenthronen und Blutbalustraden
mit dem strahlenden Lachen des Fallbeils.

Ach, Tod, du wirst kommen, gekrönt
mit den Feigheiten Gottes: Schlachtfelder
segnen mit krustiger Hand, die Fährte deiner
Vampirkralle dem Greis
ins Wangental brennen, Gebärenden
das hungrige Tiergebiß weisen; der Pest
die Schläfen kränzen mit Mohn,
hinabbeugen die schuldlose Grimasse deines
Frohlockens in den Lichtschacht des Lebens.

So wirst du kommen.

Nicht genug, dich zu fürchten;
es ist dein Ehrgeiz, auch gesehen zu werden:
Einmal von jedem; ob er die Kammer
mit Blöcken des Stumpfsinns sich füllt,
ob er sich eingräbt in staubiges Wissen,
fallen läßt aufs Strohlager der Liebe,
aufblickt lügenden Auges ins All
oder blind unterm Kopfputz des Glaubens
sich wiegt in geborgter Gewißheit.

Es gibt nur eine Gewißheit, mein Tod; und die
ist dein Kommen. So komm denn, gemäß
den Gesichten, die der von dir hatte,
der dich im Zorne erschuf und nun geschlagen
mitansieht, wie du tötest, ohne zu hassen.

Komme, mein Tod, in all deinen Schrecken.
Da du sie aufwendest, weiß ich, daß die Kraft
dieses Lebens dich ängstigt.

Leona Siebenschön
Der Tod und das Mädchen

Sie hatte keine Angst. Er war ihr bekannt, fast vertraut in dieser Erscheinung: gehüllt in ein weites Gewand, schwarz wie der Hut, den er tief ins Gesicht gezogen trug. So hatte sie ihn oft gesehen in den Geschichten von lebensgierigen Greisen, siechen Kindern, an deren Sterbebett er in gebieterischer Geduld zu warten wußte auf das Ende, bis sie ihm gehörten, dem Tod.

Jetzt stand er hier in der zertrümmerten Ruinenzeile, die gestern noch Straße gewesen, auf der rauchigen Schutthalde, die gestern noch Haus gewesen war; stand hochaufgerichtet, unbewegt dort drüben, wo sie gestern noch gespielt hatte, gelacht, ein unbekümmertes Kind.

Sommertage, Ferienzeit, drei Wochen mit der Mutter und den Schwestern bei der Großmutter zu Besuch. Ferien im Juli 1943, im brandbombenheißen Juli von Hamburg. Ferien und dann das Inferno der einen Nacht, die alles nahm.

Jetzt gab es nur noch sie, die kleine Tochter, gerade zehn, das verträumte Kind, schmächtig, blaß, das ins Chaos der geborstenen Steine starrte, stumm, ohne Tränen, allein zurückgeblieben, allein überlebend.

Daß sie den Tod vor Augen hatte, schreckte die Kleine nicht; daß er sich nicht bewegte, nicht entfernte, das erfüllte sie mit Entsetzen. Dann mußten sie also noch leben unter den Trümmern, waren noch nicht verbrannt. Und sie sah ihre Mutter in Flammen, verzweifelt über die brennenden Schwestern gebeugt ...

Warum gehst du nicht?

Sie schrie es in die Totenstille der zerstörten Straße; schrie, bis es schmerzte, wütend, verzagt. Und die Erscheinung verschwand. Das Kind wurde still: Er hatte die Verschütteten geholt, endlich vom Leiden erlöst.

Doch warum hatte er sie nicht auch mitgenommen? Warum mußte sie als einzige leben? Leben müssen, wo niemand sonst davongekommen war, das verstand die Zehnjährige nicht als Wunder und erst recht nicht als Geschenk. Wozu leben in dieser grausam entstellten Stadt, wo jeder Weg fremd geworden und kein vertrauter Mensch zu finden war; in dieser kaput-

ten Welt, wo das Lachen verlorenging und kein Spiel die Schrecken vergessen ließ. Wozu noch leben ...
Das Mädchen ging, heimgehen konnte es nicht, würde nie wieder heimkehren können. Das Mädchen ging zur Tante und wußte doch nicht, wie man das macht: leben müssen ohne die Mutter und ihre warme, wilde Zärtlichkeit, ohne die Schwestern und ihre mitreißende Ausgelassenheit, ohne die Großmutter, dieses lachende, gutmütige Urweib mit den sieben wollenen Röcken, wo man geborgen wurde, wenn die Gespenster kamen.
Das Mädchen – sie hatten es immer Liebling genannt, so sanft, wie es war, leise und brav, viel artiger als die große Schwester –, die Kleine verließ ihre Toten, um nie wieder zurückzukehren zu dieser Stätte der letzten Leiden, wo ihr der Tod begegnet und freundlich erschienen war, schön in seiner schwarzen Güte, Gevatter Tod; und wo sich die Trauer ausgeschrien hatte, endgültig.
Das Kind ging, trotzig geworden an einem Tag, furchtlos durch das Leichengelände, an den Gespenstern vorbei, die in den leeren Fensterhöhlen der Ruinen heulten; trotzig geworden, weil es lernen wollte: leben zu müssen ohne Liebe, die vertraute Wärme; nicht mehr aufgehoben in der weiblichen Welt dieser vielfachen Zärtlichkeit, nicht mehr geborgen bei den Frauen, die das Leben liebten auf ihre ungebrochene Weise und mit ihren Spielen heiter lachend alle Angstgespenster draußen ließen in der Welt, die ihre Welt nicht war.
Draußen – das war verkrüppelte Wirklichkeit, in der das Kind jetzt allein durchkommen mußte, plötzlich ausgestoßen, schutzlos sich behaupten mußte in der entstellten Welt der Gewalt. Leben wollte die Tochter, dieser Welt zum Trotz, für einen, den es irgendwo auch noch gab: den Vater, Soldat an der Ostfront, zufällig auch noch am Leben, zufällig verschont wie sie. Und wie sie hatte er nichts und niemanden mehr – nur sie, die kleine Tochter.
Heimat war nicht mehr, Zuhause vorbei, das Leben, wie die Zehnjährige es erfahren hatte, auf Widerruf gegeben, geliehen in dieser Zeit der bombendrohenden Tage, der feuerspeienden Nächte, Zeit der Millionen Toten, willkürlich zum Sterben gebracht.
Danach noch leben zu müssen – mit dieser Erfahrung, dem Brandgeruch von Menschenfleisch und dem Schreien der brennenden Leiber und wie sie sich aufbäumten, die fliehenden Feuergestalten, und wie sie zusammenbrachen im heißen Asphalt, der sie hielt und sich einverleibte: Das war der Mörder Mensch, der das Feuer entfacht und Brandopfer verlangt, die Bestie, die Bomben sät und Kanonen auffährt, die ihresgleichen leiden läßt und verrekken.
Das war der Tod nicht: ihn hatte das Kind, das nun kein Kind mehr war, begriffen als Erlöser, der jene heimholt, die nicht mehr leiden können. Der Tod, der ihr Gevatter war und Freund. Er ist es geblieben, vertraut und gewiß, und über jede Kränkung Trost.

Rudolf Otto Wiemer
Aufspringender Hase

So auf der Flucht, so
stückweis hoppelnd,
kurzäugig, im Wahn, der
Verfolger folgt nicht, dann
doppelt flüchtig, doppelt
schreckhaft, doppelt
todesängstlich – wann
war ich es nicht?

Luise Rinser
Ich sehe überall Leben

Natürlich weiß ich, daß ich sterben muß. Aber was heißt das? Wer, wie ich, auf dem Land aufgewachsen ist und dort den Auf- und Abstieg der Jahreszeiten erlebt und wer es mit Tieren und Pflanzen zu tun hat, der kann nicht übersehen, daß alles, was lebt, zum Sterben hin lebt. Er weiß aber auch, daß das biologische Sterben eine Uneigentlichkeit hat, die nur flüchtige Trauer zuläßt: die Frucht stirbt, der Same überlebt; in der scheintoten Knospe wächst die Blüte, das Blatt, die Frucht; Abgestorbenes verfault, wird zu Erde und steigt in der von ihm genährten Pflanze wieder ans Licht; nichts geht ins Nichts, Sterben bedeutet nirgendwo das absolute Ende. Der aus der Natur gefallene Mensch sieht jedoch nichts als Schutthaufen, Autofriedhöfe, Müllabfuhr mit unbekanntem Ziel; er sieht Dinge, die zu kurzem Gebrauch bestimmt sind und, unbrauchbar geworden, zerstört werden. Ich sehe überall Leben.

Der Psychologe Fromm teilt die Menschen ein in Nekrophile und Biophile, in Todessüchtige und Lebenliebende. Ich bin entschieden biophil. Aber ich weiß, daß ich sterben muß. Ich weiß es seit meiner Kindheit, und es hat mich nie geängstigt. Niemand lehrte mich den Tod fürchten, aber niemand auch lehrte mich ihn nicht fürchten. Der Religionsunterricht mit seinen Todes- und Jenseitsvorstellungen ging sonderbar spurlos an mir vorüber. Ich lebte ganz im Leben schlechthin und sah keine Grenze zwischen Leben und Tod. Das blieb so. Ich war mehrmals ganz nah am Sterben und wußte es klar: Zweimal war ich gefährlich krank, als Mädchen und später, dann kostete mich die Geburt meines ersten Kindes ums Haar das Leben, und schließlich machte man mir in der Hitlerzeit am Volksgerichtshof Berlin den Prozeß wegen staatsfeindlichen Verhaltens, was damals, Frühjahr 45, absolut sicher den Tod bedeutete (vor dem Vollzug rettete mich das Kriegsende, doch konnte ich das vorher nicht wissen), und niemals hatte ich Angst – vermutlich, weil ich auch nie Angst vor dem Leben hatte. Ich bin natürlich nicht sicher, ob ich, vor dem biologischen Sterben stehend, nicht alle Todesangst nachholen müssen werde, so wie umgekehrt der Dichter Bernanos, der zeitlebens von Todesangst gejagt war, beim Sterben angstlos heiter war und so wie der (schwer neurotische und alle Ängste leidende) Komiker Valentin in der letzten Stunde sagte: »Dös wann i gwußt hätt, daß Sterben so schen is ...«

Als Kind hatte ich ein »Poesiealbum«, in das alle Verwandten und Bekannten einen Sinnspruch schreiben mußten. Ich war dreizehn Jahre alt, als mir mein Geschichtsprofessor in dieses Album den Goethe-Vers schrieb:

Wenn du das nicht hast / dieses Stirb und Werde
Bist du nur ein trüber Gast / auf dieser schönen Erde.

Dieser Spruch ist mir im Laufe meines Lebens zu einer Art Mantra geworden. Es hat seine Kraft bewahrt, es hat sich mir bewährt. Das Leben ist nicht sehr behutsam mit mir umgegangen und hat mir viele Abschiede, viele Wandlungen, viele Tode abverlangt. Ich kann mir vorstellen, wie in jedem Augenblick Zellen meines physischen Leibes absterben, während neue sich bilden. Ich kann mir ebensogut vorstellen, wie sich meine »Seele« unaufhörlich verändert durch neue Sinneseindrücke und Erkenntnisse. Ich weiß, daß ich, unaufhörlich sterbend, unaufhörlich auferstehe.

Ich bin oft gefragt worden, wie ich mir das Auferstehen vorstelle. Ich stelle es mir nicht in theologisch-dogmatisch bestimmten Bildern vor. Aber in Träumen erhalte ich einige Belehrung darüber. Ich träume oft vom Sterben. Der Kern ist immer der gleiche. Ich werde getötet, erschrecke einen Augenblick und falle in eine dunkle Tiefe, werde aber plötzlich von etwas Unsichtbarem aufgefangen und finde mich in einem Licht, das ich vorher nie sah. Oder: ich sitze in einem sehr kleinen Boot, das auf einen reißenden Fluß schwimmt, was mich ängstigt, aber dann, einer Stimme gehorchend, die »Loslassen!« ruft, lege ich mich flach ins Boot, mit eingezogenem Ruder, und lasse mich treiben, und ich gleite sanft in ein helles ruhiges Meer hinaus. Oder (was sicher eine Erinnerung an den Geburtsvorgang ist): ich werde gequetscht und gepreßt, ich meine zu ersticken, ich schreie, und plötzlich bin ich befreit und im Licht.

Ich meine zu wissen, daß jemand, der das Leben liebt und es wirklich lebt, auch das Sterben nicht fürchtet. Ich meine auch, man sollte nicht sagen: ich MUSS sterben, sondern: ich DARF sterben. Ich hoffe, daß meine innige (wenn auch nicht unangefochtene) Lust zu leben mir auch das Sterben als eine Form des Lebens erscheinen lassen wird. Was bleibt, wenn Leib und »Seele« dahingehen, das ist der Geistteil meiner Person. Daß ich in was auch immer für einer Form unsterblich bin wie das Leben selbst, das ist mir Gewißheit, und das genügt mir auch, seit ich gelernt habe, nicht mehr sehr an meinem Ich zu hängen.

Eugen Kogon
Der Tod soll nicht Würger sein

Vom Tod ist nichts Neues zu berichten; alles über ihn ist schon gesagt und geschrieben. Man kann, wenn man nicht wiederholen will, nur die eigenen, die individuellen Überlegungen und Empfindungen im Zusammenhang mit ihm bedenken.

Ich bin sehr kirchlich-katholisch aufgewachsen, einem missionarischen Ziel verpflichtet; gar nicht fröhlich. Jedoch auch nicht bedrückend: was sogar den Tod betrifft – nicht nur Mißhelligkeit und allenfalls Leiden als Prüfungen –, so war er vertraute, immer vorgestellte Wirklichkeit: der Durchgang eines späten oder früheren Tages in die Bestimmung. Alles war geprägt vom Glauben. Im Zurückdenken erscheint es mir nicht wie Leben, sondern als die exerzierte Erfüllung einer Funktion. (Mit mancherlei positivem Verhaltensergebnis.) Für Angst vor dem Tod war da kein Platz – hatte denn einst nicht auch Sterben fürs Vaterland als »süß und ehrenvoll« gegolten? Ist man jung und noch reich an Möglichkeiten, so geht man unbedenklicher mit dem Leben um; bedachtsamer erst, wenn es ärmer daran wird.

Das Massensterben und die Tötungsmethoden in den nationalsozialistischen Konzentrationslagern haben mich gegen den Tod aufgebracht: nun war er anders als vormals nur in der Vorstellung zum Begleiter geworden und gänzlich ohne eine sinnvolle Wegweisung; schamloser Würger und Vernichter. Dieser Gewalttod mußte überall und für immer abgeschafft werden.

Als das mörderische System überstanden war, hatte sich mein Verhältnis zum Leben geändert. Es ist mir zwar, da ich Christ geblieben bin, nach wie vor Durchgang und nicht Erfüllung in sich allein, aber jetzt unter Verhältnissen, die es beständig verbessern. Ich habe mich, wohl, wie ich meine, wissend um die Grenzen der menschlichen Emanzipation, von der »Jammertal«-Ideologie gelöst und mich der Beteiligung an dem ebenso mühsamen wie edlen Geschäft des gesellschaftlichen Fortschritts voll zugewandt – eines Fortschritts, der jedem Individuum im Einklang damit die Chance optimaler eigener Erfüllung schafft. Die Normalität des Abschlusses, wiederum für jedermann, ist darin ein gewaltloser, ruhiger Tod nach einer

Anzahl von Jahren, die es erlauben würde, wie von den biblischen Patriarchen zu sagen: sie waren »alt und lebenssatt und wünschten zu den Vätern versammelt zu werden«.
Ein Programm von solcher Tragweite schließt vieles ein; es läßt sich produktiv darüber nachdenken. Ich zähle beispielsweise zum abzuschaffenden gewaltsamen Tod – hier nicht von Menschenhand – anhaltende schlimmste Krankheit: wenn sie nicht zu heilen und nicht wenigstens bis zur Erträglichkeit zu lindern ist, scheint es mir zweifelhaft zu sein, ob man das Recht hat, die Verabreichung beendender Mittel, sofern der Kranke selber sie wünscht, zu verweigern. (Das Wort »Selbstmord« und »Beihilfe zum Selbstmord« sollten die Gesunden in solchen Fällen nicht leichtfertig in den Mund nehmen; es gibt schlimmste Situationen, in denen die normativen Ableitungen der Theologen – und allenfalls der Juristen – vielleicht ad hoc nicht gelten. Es handelt sich nicht um »Lebensunwertheit«, sondern um Grenzen der Fähigkeit, Schmerz zu ertragen.)
Das führt zurück zum Beginn dieser Bemerkungen: zur »Metaphysik des Sterbens«.
Freiheit von Schmerz, zumindest relative Schmerzfreiheit also vorausgesetzt – wann erleichtert uns der Sinn, die Bedeutung des Vorgangs, den Tod? Läßt sich »Freund Hein« unbeschwerter erwarten, wenn wir überzeugt davon sind, daß er unser Dasein ein für allemal abschließt, daß diesem unserem natürlichen Ende nichts nachfolgt, oder stirbt es sich als Christ besser? Ich äußere mich dazu wieder nur persönlich.
Fast meine ich, in das Unvermeidliche, wenn es soweit ist, mich zu fügen, fiele mir leichter, wenn ich nicht damit rechnen müßte, fortleben zu müssen. Man sagt, der Mensch verlange nach Ewigkeit; ich bin mir nicht sicher, ob da nicht Denken und Verlangen miteinander verwechselt werden. Es dürfte jedenfalls individuell verschieden sein. Das Schöne erlebt zu haben, nichts Schweres, Bitteres, Enttäuschendes mehr befürchten zu müssen, wo sollte das Bedrückende in dem Gedanken liegen?
Nur, was mich betrifft, so kann ich nicht an den »Zufall« der Entstehung des DNS-Moleküls glauben, in dem sich das Leben in all seiner Phantastik bis hin zum Geist und zur Entscheidungsfähigkeit des Menschen selbst programmiert haben soll. Die Annahme, daß es sich mit der Evolution im Gegenteil verhalte, wie Teilhard de Chardin es in seinen Büchern dargetan hat, erzwingt allerdings den Schluß nicht, daß wir individuell fortleben werden. Aber der Vernunft ist der Weg zur Möglichkeit nicht mehr prinzipiell versperrt. Es bedarf dann freilich, um den Glauben zu fundieren, des biblischen Auferstehungsereignisses. Mit *dieser* Annahme stehe ich dann, den Tod vor Augen, in einem anderen Bewußtseinsfeld als der Nichtchrist.
Leider haben die Kirchen der vertrauensvollen Hoffnung, die uns gegen die Absurditäten der Natur und der Geschichte (gegen das Leiden und gegen die Bösartigkeit) der vollkommenste Bote des Heils eröffnet hat – der Bote, »in dem Gott ganz sichtbar geworden ist« –, die übermächtige Furcht vor einem »Tag des Zornes« beigesellt. Es ist statt der verkündeten Liebe, die »das Reich« »kommen«, das heißt entstehen läßt, die Projektion der Idee der Gerechtigkeit, ohne die das Zusammenleben in der Welt nicht möglich

wäre, ins Ewige. Das Gesetz fixiert uns, gegen alle Verheißung, gegen die Frohbotschaft, über unser irdisches Ende hinaus.
Ich habe mich, in Nachwirkung der mächtigen Tradition nicht ganz ohne Bangen, davon freigemacht, annehmen zu müssen, Gott könnte weniger barmherzig sein, als ich selbst es sein möchte – als irgendein Mensch es sein könnte. So etwas nur zu denken wäre blasphemisch. Er ist die Liebe ohne Grenzen. Der wegen seiner Wegweisung Gekreuzigte konnte daher beten: »Vater, verzeih ihnen, denn sie wissen nicht, was sie tun!« Wie sollte es möglich sein, daß die Bitte nicht erfüllt worden wäre, nicht fortwährend erfüllt würde? Wer von uns kennt schon die Voraussetzungen, die Zusammenhänge und die Folgen seines Tuns. (Niemand kann das Rätsel von Determination und Freiheit lösen.) Ich leugne nicht die Schuld; aber die blitzartige Verwandlung durch die Erkenntnis, was wir aus uns – und den gesellschaftlichen Verhältnissen – hätten machen können, wenn die verkündete, uns vorgelebte Liebe uns erfüllt hätte – die erfüllt, die die Botschaft kennenlernen durften, und die, in ihrer Weise, denen sie nie bekannt geworden ist –, eine solche Verwandlung – aller, noch der irdisch Verkommensten –, müßte sie nicht »den ganzen Himmel« aufjauchzen lassen?
Der mittelalterlich-germanische Christenglaube hat, als Mahnung, den unerquicklichen »Totentanz« geschaffen. Wennschon Bilder gebraucht werden sollen, dann wünsche ich mir den Tod nicht als Würger vorzustellen, sondern als den begleitenden Engel, der freundlich das Kerzenlicht meines Lebens auslöscht, weil es, nun auch für mich, Tag geworden ist.

Karl Krolow
Ausweichen – zulassen – zuvorkommen?

Eigentlich ist es einfach: ich kann mir vornehmen, nicht weiter darüber nachzudenken. Man bekommt eine gewisse Übung in diesem und jenem. Man läßt etwas nicht an sich heran, wie man einige Menschen nicht an sich heran läßt, die man nicht ausstehen kann, die gefährlich sind oder einem gefährlich werden könnten. Man kann es so mit diesem Thema der Sterblichkeit halten. Oder noch besser: man kann ausweichen, sich auf andere berufen, sich auf Literatur berufen, um von anderem gar nicht erst zu reden. Literatur ist für einen zur Hand, der mit Literatur zu tun hat. »O Herr, gib jedem seinen eigenen Tod.« Das ist von Rilke. Das klingt schön, so schön individuell und beinahe komfortabel. Als würde man persönlich vom Schicksal oder von irgendwem bedient, ein diskreter, individueller Vorgang. Und schön formuliert. Ein kleines, diskretes weltliches, literarisches Gebet, das einem in seinem weltlichen Leben guttut. Man kann natürlich auch bei anderen nachlesen. Tod ist immer ein besonderes Thema, besonders bei den besonderen Menschen, die schreiben. Man schreibt vielleicht auf etwas zu, was die unaufhaltsame Sache – das Ende – wenn schon nicht begreiflicher, so doch einigermaßen artikulierbar machen könnte. Man läßt sich vor einem bestimmten letzten Augenblick – mit anderen Worten und frivol gesprochen – nicht mundtot machen, nicht schreibtot. Andererseits kann man sich entziehen, indem man schreibt, darüber schreibt, ohne das besagte Nachdenken, das gefährlich ist wie die Beziehungen zu gefährlichen Menschen und jedenfalls unausweichlicher.

Dann tritt irgendwann eine Kleinigkeit ein, die einem beibringt, daß man am Leben ist, sehr intensiv, sehr verstrickt, sehr schuldig. Etwas sieht sich anders an. Man lebt auf diese Weise nur von Fall zu Fall, ein Minuten-Leben, eine Krankheit, eine erotische Beziehung, eine intelligible Angelegenheit, eine besonders sensible. In solchen kurzen Phasen wird einiges – eine Zeitlang, ehe der anonyme Film weiterläuft, dieses ununterbrochene Leben, das man so oder so führt – plötzlich revidierbar, einsehbar. Man erkennt etwas und anerkennt: eine Grenze, ein Glück, sein Versagen, etwas bis dahin Unerhörtes vielleicht, das jedenfalls, was – nach einer Notiz Kants – »das

Hindernis des Lebens« genannt werden könnte. Bei solchen Gelegenheiten wird – finde ich – auch diese Beziehung zum Tode, wie er bevorsteht, verändert. Man läßt etwas zu. Man sieht etwas an und ein: Sterblichkeit als eine Lebenschance, als eine wirkliche Gelegenheit, sein Leben im Vorübergang anzusehen, um aus ihm soviel zu gewinnen wie möglich: Gewinn jeglicher Art. Er bleibe jedem einzelnen überlassen. Es sind nicht eigentlich Momente, die man früher als »Erleuchtungen« bezeichnet hätte. Die großen, immer mehr heruntergekommenen Worte und Begriffe passen nicht zu einem bestimmten Begreifen, einem bestimmten Anerkennen seiner Situation, seiner Sterblichkeit: mitten im Glück, in der Unsicherheit, in der Gefahr, in der Liebe, im Gefühl, etwas – viel noch – zu tun und zu wünschen übriggelassen zu haben. Wieso ist das Ende fraglos, während man Körper an Körper lebt? Während so vieles andere fragwürdig wurde, während man unterwegs manches sozusagen umsonst bekommt wie besagtes Glücks- oder Unsicherheitsgefühl oder wie ein Karzinom und die Tatsache, daß Haar und Nägel täglich weiterwachsen?

Eigentlich ist die Versuchung nicht gering, dem allen eines Tages zuvorzukommen, eines glücklichen oder unglücklichen Tages, keineswegs dann, wenn man genug hat, wenn man durch irgend etwas überwältigt wurde, ein Geschehen, Schmerzen, Unglück, Katastrophen, vielmehr, wenn alles ruhig verlaufen ist, wenn man etwas hinter sich gebracht hat, ein Tagewerk wie sonst auch, ein Nachtwerk, eine Umarmung, ein Eingeständnis, daß man bis jetzt gut davongekommen sei. Ein Höhepunkt hat ja immer etwas von einem Abschied oder doch dem Beginn eines Abschiednehmens an sich. Etwas taucht da auf, eine Einsicht, etwas Flüchtiges, das sich mitten im Höhepunkt einnistet, in einem Lebens-, Liebes-, Arbeitshöhepunkt: ein sonderbares Bescheidwissen wie eine Art Erschöpfung, ein Nachgeben, ein Auf-sich-beruhen-Lassen: diese besagte Versuchung. Man wird sie abweisen. Man wird sie hinterher nicht wahrhaben wollen. Aber man hatte sie. Sie stellte sich ein, ganz einfach, war da, nicht bloß: eingeschlichen, nicht bloß Erschöpfung. Bescheidwissen hat etwas mit einem klaren Kopf zu tun. Mit klarem Kopf demnach dem allen zuvorkommen. »Selbstmörder sind furchtsame Mörder«, liest man in Cesare Paveses »Handwerk des Lebens«. Und man liest auch: »Je bestimmter und genauer der Schmerz ist, um so mehr schlägt der Instinkt des Lebens um sich, und die Idee des Selbstmords sinkt.« Schon wieder Literatur? Gewiß. Er war ein furchtsamer Mörder. Er tat es. Eine Art Ungeduld? Vielleicht auch das Gefühl, daß es die absolute Freiheit geben könnte, über *sich* wenigstens zu verfügen. Eine fürchterliche und eine gefürchtete Freiheit für die meisten, für fast alle. Zum starken Bewußtsein unserer Sterblichkeit könnte wohl diese eigentümliche Beziehung zur Freiheit des Handelns gehören. Diese Freiheit – wäre sie realisierbar, und sie ist es, wie man weiß – wäre natürlich *mehr* als eine literarische Absicht, wie sie ein Satz Montaignes in seinen Essays ausdrückt: »Wäre ich ein Bücherschreiber, so schriebe ich eine kommentierte Liste der verschiedenen Arten zu sterben.«

Unwillkürlich hört man die Frage stellen, was eigentlich Freiheit – weniger vage und gefährlich verstanden – sei? Natürlich ist die lutherische Freiheit eines Christenmenschen etwas durchaus anderes als die Freiheit, die man sich nimmt, vor dem Tod mehrmaligen Gebrauch vom Tode zu machen, auf verschiedene Weise, auf zaghafte Weise. Manchmal hat man doch diese Empfindung, mehrmals vorher »dran« gewesen zu sein. Man hatte sich an etwas vorbei gedrückt. Man hat etwas überstanden. Man hatte Glück, oder ein Zufall verhinderte das sogenannte Schlimmste. Wir wissen, daß wir sterben müssen. Einige wissen es zu gut. Einige benötigen – wie Kleist – Gesellschaft für das Sterben. Und sie finden zuweilen solche Gesellschaft. Es gibt einige, die für diesen ernsten Vorgang geschaffen scheinen. Und schon war man miteinander verständigt. »Mein Herz habe ich für mich allein«, schrieb Werther. Einige haben diese Freiheit, für sich allein, ohne von ihr je Gebrauch zu machen, eine Freiheit, die sich schließlich nicht definieren läßt, die man nicht beschreiben sollte. Diese Freiheit wünscht, in Ruhe gelassen zu sein.

Gerhard Szczesny
Wir wissen nicht, daß wir sterben müssen

Wissen wir wirklich, daß wir sterben müssen?
Ich glaube, wir wissen es nicht, denn es gibt nur wenige Menschen, die noch einmal ins Leben zurückgekehrt sind, nachdem sie die Erfahrung des Sterbens gemacht haben.
Unser ›Wissen‹ vom Sterben hat also etwas unvermeidbar Theoretisch-Uneigentliches an sich. Im Grunde können wir nur über einige Fragen raisonnieren, die sich im Zusammenhang mit dem Sterbenmüssen ergeben.
Soweit wir in diesem sehr vordergründigen und oberflächlichen Sinne wissen, daß wir sterben müssen, ist die Frage nach dem Sterben die Frage nach dem Nicht-Sterben. Es ist die Frage: Gibt es ein Leben nach dem Tode?
Die erste Antwort auf diese Frage wird lauten: Es gibt kein Leben nach dem Tode.
Alle Fakten und Erfahrungen und alle Schlüsse, die sich aus diesen Erfahrungen ziehen lassen, sprechen gegen die Annahme, daß die Elemente, aus denen meine Person besteht, sich irgendwann wieder, und dann für alle Ewigkeit, zusammenfinden könnten.
Anders wird meine Antwort ausfallen, wenn die Frage sich nicht auf meine individuelle Existenz, sondern nur auf diese Elemente bezieht. Denn nun kann ich mich auf die – »wissenschaftlich« abgesicherte – These berufen, daß »nichts verlorengeht«.
Aber hier wird zwangsläufig aus dem physikalischen ein metaphysisches Problem. Zu den unmittelbar als Realität erfahrenen und nachweisbaren Bestandteilen meiner Person gehören ja keineswegs nur materielle und chemische Substanzen, sondern auch seelisch-geistige Vorgänge. Trifft auf sie das »nichts kann verlorengehen« auch zu?
Es ist ebenso schwer einzusehen, warum die seelisch-geistigen Äußerungen meiner Existenz verlorengehen sollten, wie sich vorzustellen, auf welche Weise und in welcher Form sie nach der Auflösung der sie tragenden Materie fortbestehen könnten.
Und es gibt noch ein letztes und drittes Phänomen, das empirische und metaphysische Aspekte zugleich hat: mein personales Selbst, gewissermaßen

die Strukturformel meiner Individualität – die mehr ist als die bloße Summe meiner Anlagen. Wie steht es damit? Wird diese physisch-psychisch-spirituelle Prägung irgendwo, wie eine Radiobotschaft, aufbewahrt – eine Botschaft, in der sich nach und nach die Daten eines ganzen Lebens zu einer unverwechselbaren Formel summieren?
Was also glaube ich, wenn ich den Versuch mache, mich von dem gewaltsamen Glaubenwollen aus Angst vor einem unwiderruflichen Ende ebenso freizuhalten wie von einem Unglauben, der sein heroisches Nein der Furcht vor dem Hohn der Vernunft verdankt?
Lebe ich tatsächlich so, wie wenn ich überzeugt wäre, daß mit dem Tod alles zu Ende ist? Ich gestehe, daß dem nicht so ist. Ich fühle mich in der Welt – über den Tod hinaus – geborgen, was immer diese verschwommen und sentimental klingende Formel bedeuten könnte. Da das, was mich ausmacht, schon eine Ewigkeit vorhanden gewesen sein muß, bevor ich »geboren« wurde, warum sollte ich mich – nach einer wahrhaft kurzen Unterbrechung – vor der Ewigkeit fürchten, die danach kommt?
Der Rest ist Schweigen, nur noch in Gleichnissen und Bildern umschreibbar. Etwa in jenem nicht weiter interpretierbaren Wort, das mir einleuchtet, seitdem ich es zum erstenmal gehört habe: »Niemand geht je in das Nirvana ein, denn es ist unmöglich, einen Ort zu betreten, den man niemals verlassen hat.«

Annemarie Zornack
von tatsachen überhäuft

von tatsachen überhäuft
die sich zu erfahrungen stauen
sucht mein auge
eine begleitung

kirchenfassaden

sie werden respektiert
als notwendigkeit
entlarvt
als wandschirm

andere bauen ihr leben aus
ich arbeite an meinem tod

(Aus: Annemarie Zornack, mobile,
J. G. Bläschke Verlag, Darmstadt 1968.)

Herbert Rosendorfer
Zeichen über den Tod hinaus

Die Tatsache, daß alle Menschen einmal sterben werden, ist eine der wenigen objektiv feststehenden Wahrheiten im philosophischen und theologischen Denkbereich. Die Fragen nach der Endlichkeit oder der Unendlichkeit der Welt, des Weiterlebens der Seele nach dem Tode, konnten bisher nur durch philosophische oder religiöse Spekulationen beantwortet werden. Es gibt die Erkenntnis, und es gibt den Glauben. Die meiste Zeit der überblickbaren Geistesgeschichte der Menschheit vermittelte religiöser Glaube die Gewißheit eines Fortlebens der Seele nach dem Tode. Erst die marxistische Glaubenslehre, die erste institutionelle Kirche ohne Gott, verlangt den Glauben an den Tod der Seele mit dem Tod des Körpers. (Ich vermute: Allein dies reicht hin, daß man auf die Dauer mit dem Marxismus die Menschen nicht befriedigen wird können.)
Das sind die Glaubensdinge. Im Bereich der Erkenntnis sind bisher keine Anhaltspunkte für ein Fortleben der Seele nach dem Tode aufgetaucht. Die philosophische Wissenschaft, die sich seit vielen Jahrhunderten der Erkenntnis rühmt, hat kein unangefochtenes System hervorgebracht, das die Rätsel des Lebens (und des Todes) löste und das auch für denjenigen annehmbar ist, der an die Erkenntnis strenge Anforderungen stellt. Ich vermute, daß die Philosophie, von Platon bis Heidegger, überschätzt wird. (Sie hat ihren hohen Kredit auf der Welt größtenteils nur durch die schwere Verständlichkeit ihrer Äußerungen zu verteidigen vermocht.) Ich vermute, daß die Philosophie nichts taugt. Die philosophische Wissenschaft, eine Lehrerin, die dreitausend Jahre lang keine schlüssige Antwort zu geben vermochte (hundert Antworten auf eine Frage sind keine Antwort), sollte wenigstens das eine erkennen: daß sie hinfort schweigen sollte. Daß ich eines Tages sterben werde, weiß ich auch ohne sie.
Das Phänomen Tod hängt mit dem Phänomen Zeit zusammen. Zeit an sich gibt es wohl nicht. Ein leeres Weltall hätte keine Zeit. Zeit ist bestimmt durch den Ablauf von kosmischen Vorgängen, zu denen das irdische Leben gehört, Vorgängen, die einen Anfang und ein Ende haben. Das Universum ist in der Erscheinungsform, die wir – fragmentarisch – kennen, auf die End-

lichkeit der Lebensvorgänge angelegt. Endlosigkeit, Zeitlosigkeit ist in dieser Erscheinungsform nicht vorgesehen. Der körperlich unsterbliche Mensch ist zwar gelegentlich Gegenstand legendenhafter und literarischer Spielereien gewesen (»ich selber exkludier mich nicht«), in Wahrheit ist er nicht denkbar. Der Tod, das unausweichliche Ende der körperlichen Existenz, ist immer und für jeden die sichtbare Grenze der Betätigungsmöglichkeit gewesen. Dem Menschen wohnt aber – vielleicht nur aus Überheblichkeit, weil er besser denken kann als die Ameise, vielleicht ist es aber doch der göttliche Funke – ein Drang nach Verewigung inne. Der Mensch hat den Drang, auf der Welt Zeichen zu setzen, die über seinen Tod hinaus zeugen, daß er da war. Dieser Drang wäre im – wie gesagt undenkbaren – Fall des körperlich ewigen Menschen überflüssig und wahrscheinlich nicht vorhanden. Der Drang, solche Zeichen zu setzen, hat durch schöpferische Menschen zu dem geführt, was wir Kunst nennen. Faulkner hat gesagt, er habe mit seinen Werken eigentlich nichts anderes getan als »Killroy was here« in die Wand gekratzt. Der Tod, oder vielmehr die Gewißheit, daß wir sterben werden, ist für den schöpferischen Menschen die erste und wichtigste Voraussetzung seiner Arbeit. Wenn es Gott gibt, ist der Tod eine der wenigen allgemeinen Gnaden, der Sinn des Lebens.
Man legt jeden Tag oder jede Nacht, wann man eben zu schreiben, zu malen oder zu komponieren aufhört, den Bleistift, den Pinsel oder das Blatt zur Seite. Einmal, heute oder morgen, wird es das letzte Mal gewesen sein. Glücklich ist der, der jeden Tag ein Blatt zur Seite legen kann, mit dem er auch dann zufrieden wäre, wenn darauf die *letzte* Zeile steht, die er geschrieben hat.

Rudolf Braunburg
Angst und Hoffnung

Nach langen Flügen durch Hagelstürme, Regenfronten oder Monsungewitter taucht jene Frage auf, vor die man als Flieger regelmäßig gestellt wird. Man sitzt nach der Landung in Delhi, Boston oder Santiago mit ein paar Passagieren an der Bar. Und da ist sie dann, zwischen dem dritten und vierten Bourbon oder Cognac: die Frage, ob man sich nicht fürchte vor dem Absturz, vor dem Sterben schlechthin.
Wenn man auf den Luftstraßen der Welt ergraut ist, hat man eine Antwort längst parat. Aber man blickt lange schweigend in sein Glas, weil man die Antwort immer wieder neu überdenken, überprüfen möchte. Für einen Piloten, der eines der sichersten Verkehrsmittel fliegt, ist der Anlaß für eine solche Erkundung absurd: Warum fragt niemand vor einer Autobahnfahrt, einer Fluß- oder Seeüberquerung nach der Einstellung zum Tod? Fähren, das weiß nur niemand, gehören zu den unsichersten und opferträchtigsten Verkehrsmitteln überhaupt. Der erste Teil der Anfrage läßt sich also rasch verneinen. Fast alle meine Berufskollegen sind, sofern sie nicht friedlich im Bett starben, nicht im Flugzeug, sondern im Auto verunglückt. Einige auf der Heimfahrt nach einem anstrengenden Flug.
Aber genauso eindeutig lautet die Antwort auf die Frage nach dem Sterben schlechthin: Ja, vor dem Sterben habe ich eine abgrundtiefe Angst. Mir graut vor der Hilflosigkeit, mit der der versagende Körper dem Wohlwollen liebloser Aushilfsschwestern ausgesetzt ist – vor allem aber vor den Schmerzen. Und mehr noch als vor den Schmerzen vor der Würdelosigkeit des Sterbens in den Krankenhäusern, denen der angeblich so fortschrittliche Mensch des 20. Jahrhunderts ausgeliefert ist.
Nichts in Orwells 1984 kommt den Szenen gleich, die sich in deutschen Krankenhäusern abspielen, wenn ein Sterbender aus dem Kreis der Mitkranken heimlich ins Badezimmer, in den Abstellraum geschoben wird. Dort, zwischen Stapeln verdreckter Wäsche und dem Abortbecken, darf er heimlich und verschwiegen für sich hin sterben – selber nichts als ein Stück Abfall, das möglichst rasch und unauffällig beseitigt werden muß.
Eine solche verächtliche Einstellung zum sterbenden Menschen ist die

praktische Folge einer Weltanschauung, die Körper und Materie zum Abgott erhebt, Seele und Geist leugnet. Die Enthumanisierung des Sterbevorgangs ist der Tribut, den der moderne Mensch dafür zu zahlen hat. Eine der zahlreichen Paradoxien moderner Zivilisation liegt darin, daß schon das simple Erwähnen des Sterbens als ungehörig, ja, als obszön angesehen wird. Gleichzeitig scheut man sich nicht, sexuelle Handlungen öffentlich vorzuführen. In einer solchen auf den Kopf gestellten Welt sind die bunt bemalten, mit grellen Kleidern behängten amerikanischen Old Ladies nur die leibhaftige Verkörperung der Tatsache, daß man nicht in Würde zu altern weiß und keine oder eine falsche Beziehung zum Sterben hat.

Ob man über das Sterben öffentlich reden solle?

Man könnte seinem Passagier, nach dem vierten Glas, vielleicht so antworten: Über das Sterben vielleicht nicht, denn da jeder auf seine eigene Art stirbt, gehört dieser Vorgang in einen Intimbereich, der geschützt werden sollte.

Etwas anderes ist der Tod. Sterben ist, so gegensätzlich das klingt, voll von Leben – das letzte Aufbäumen gegen den Tod. Mag auch jeder anders sterben, der Tod am Ende ist uns gewiß wie nichts sonst auf der Welt. Das Selbstverständlichste verschweigen zu wollen hieße das Leben nicht ernst nehmen; und so zögere ich nicht, den Tod als eine Durchgangsstation zu betrachten. Als Tor in einen anderen Daseinszustand – möge der einzelne darunter verstehen, was immer er wolle. Eine solche Anschauung, die für den einzelnen (aber nur für ihn) zur Gewißheit werden kann, stimmt, bei allem Ernst, fast ein wenig heiter. Freilich hat sie nichts mit jenem billigen Trost zu tun, der nach einem mühsamen Erdenleben ein besseres jenseitiges verheißt.

Die große Verwandlung wird schmerzvoll genug vor sich gehen. Aber in der Entkörperlichung könnte auch etwas von jenem Rausch des Fliegens sein, wenn auf der Startbahn das 250-Tonnen-Flugzeug Geschwindigkeit gewinnt, rotiert, abhebt und die Erdenschwere hinter sich läßt.

Im Kreislauf des Wassers, in der ewigen Verwandlung der Wolken, wie man das als Flieger besonders eindruckweckend über dem Golf von Guinea oder Bengalen beobachten kann, hat man ein tröstliches Bild vor Augen. Und auch dieses: Aus der Vogelflugperspektive gibt es nirgendwo Grenzen, die endgültig und unabänderlich ein absolutes Ende bedeuten. Es gibt nur fließenden Übergang in einen anderen Zustand, eine andere Landschaftsform: Der Fluß mündet ins Meer, das Meer weicht die Küste zum Sumpf auf, aus dem Sumpf steigt ein Plateau, das Bergmassiv hebt sich in den Himmel und senkt sich auf der jenseitigen Seite wieder zum Tal hinab.

Und eine große Hoffnung bleibt: daß man sein Ich mit allen Erfahrungen hinüberretten mag ins nächste Erdenleben. Eine Hoffnung, mit der man in guter Gesellschaft mit den größten Geistern ist: von Plato über Goethe, Fichte, Hegel zu Nietzsche und Rudolf Steiner zieht sich eine lange Kette von Menschen, denen der Gedanke an eine Wiederverkörperung selbstverständlich war.

Und abschließend könnte man seinem fragenden Passagier so sagen: Angst vor dem qualvollen Sterben? Ja! Aber auf die neue Welt jenseits des Todes

könnte man gespannt, wie auf ein Abenteuer gespannt sein. Ein Arzt, kein landläufiger, ein Einzelgänger, fragte mich einmal während einer Behandlung, weshalb ich denn so unbedingt geheilt werden wolle. Würde ich sterben, so würden sich mir plötzlich all die großen Fragen nach Ewigkeit und Unendlichkeit beantworten, an denen die Menschheit seit Urbeginn herumrätsele. Ein Satz, der viele schockieren und empören würde, der dem Tod aber viel von seinem Schrecken nehmen könnte.
Ich halte es mit Rainer Maria Rilke:

Wir alle fallen. Diese Hand da fällt.
Und sieh dir andre an: es ist in allen.

Und doch ist Einer, welcher dieses Fallen
unendlich sanft in seinen Händen hält.

Luiselotte Enderle
Wir können überleben

Erich Kästner, unsere Freundin, die Ärztin Margot Reichenberger, und ich sprachen am Ostersamstag 1974 über die zunehmende Einsamkeit im Älterwerden und über den Tod und das, was dann wohl folge. Erich Kästner empfand die Verbundenheit mit geliebten Menschen, die jenseits des visuell Erreichbaren waren – wie es seine Mutter für ihn war – tief und tröstend.

Aus seinen Äußerungen ging klar hervor, wie gläubig er war, ohne sich an eine »gängige« Religion gebunden zu fühlen. Er respektierte eine übergeordnete Macht, die den Auftrag zum Leben erteilt und den Auftrag zum Sterben. Daß man auf dem Weg dazwischen die persönliche Freiheit zur Entwicklung hatte, entsprach seinem Sinn für Vernunft. »Irgend etwas muß man ja wohl dazu beitragen«, so ähnlich meinte er, »man ist ja keine Schalttafel des Schicksals.«

Wir sprachen vom Sinn und Unsinn des Todes bei Kindern, jungen Müttern und alten Leuten. Margot Reichenberger bekannte, daß sie, als Ärztin, das Sterben ihrer Patienten nur überstehen könne, weil sie sich religiös gebunden fühle. Erich Kästner belächelte das nicht. Er glaubte auch *nicht*, daß das physische Ende endgültig sei. Eine Wiedergeburt schien ihm aber ebenso unwahrscheinlich wie eine sogenannte Seelenwanderung.

Ich, Luiselotte, ließ in diesem Gespräch nur die berechenbare Substanz – ich nannte sie Chemie oder Energie – gelten, Erich und Margot hingegen nur die »Seele«, das Wesen, den Geist, eben das, was keine Chemie ist und somit nicht berechenbar. Erich Kästner formulierte es inhaltlich etwa so: Man könne sich nicht erklären, warum das eigentliche Wesen, das ganz unabhängig von seiner Physiologie den Einzelmenschen ausmache, einfach enden solle, wenn die Zellen ihre Tätigkeit einstellen. Die Sterblichkeit dieses Teiles der Persönlichkeit sei eben *nicht* beweisbar.

Dieses Gespräch fand Mitte April 1974 statt, in unserem Haus in München. Drei Monate später starb Erich Kästner, am 29. Juli 1974. Hat sich meine Einstellung zum Tod seitdem geändert?

Ich muß mir diese Frage stellen, weil sein Tod auch einen Teil meines Lebens beendete. Doch in dem Maße, in dem ich dies *erfahre*, erfahre ich auch, daß ein Mensch weiterlebt, solange wir ihn weiterleben lassen. Die Sterblichkeit ist unabwendbar. Die seelische Vergänglichkeit aber ist keine Frage der Lebensdauer – sie ist eine Frage der Lebenserfüllung. Und es ist nicht nur Auserwählten gegeben, den leiblichen Tod zu überleben.

Wir sollten uns bewußt sein, daß wir überleben können.

Oscar Fritz Schuh
Das Geheimnis bleibt

Die Beziehung zum Tode ist in unserer Generation eine andere als in jenen Epochen, die noch an übersinnliche Phänomene glaubten. Nicht in jedem Falle war das Weiterleben nach dem Tod für den Gläubigen ein Glücksfall. Heute ist es zur reinen Fiktion degradiert. Atheismus ist in unserer Zeit ebenso möglich wie Religiosität. Daß plötzlich alles zu Ende ist, mag für den Lebensmüden ein gewisser Trost sein; der tätige Mensch wehrt sich mit allen Mitteln gegen diese Vorstellung. Er verdrängt die Vorstellung vom Tod, er nimmt ihn nicht zur Kenntnis, obwohl er das eine genau weiß, daß auch er eines Tages mit dem Moment des Sterbens konfrontiert sein wird.
Ein Theatermann, der das Sterben sehr oft auf der Bühne darzustellen hat, muß begreiflicherweise ein anderes Verhältnis zum Tod haben als jeder, der nicht auf diesem Gebiet tätig ist. Die Tragödie schließt den Tod ein. Man ist gewöhnt, den letalen Ausgang in allen Facetten zu interpretieren, obwohl es doch das einzige Phänomen ist, das dem Lebenden verborgen bleibt.
In der Dramatik spielte immer auch der schwarze Humor eine Rolle. Wenn ein Mensch im Sarg liegt, der irrtümlich für einen anderen gehalten wird, so ist das ein echtes Komödienmotiv. Alle lachen dann über die Trauerzeremonie, obgleich im Sarg eine Leiche liegt. Vielleicht will man sich auch mit solchen Abwandlungen des Todesmotivs über die makabre Tatsache hinwegeskamotieren, aber was Tod ist, hat noch keiner vorher erfahren, und das macht das Phänomen so unheimlich.
Nur die ganz Glücklichen überfällt der Tod im Schlaf. Meist geht eine Leidenszeit voraus. Der Mensch ist seiner besten Kräfte beraubt und ahnt oder weiß, daß sein Ende naht. Die Vorbereitung auf den Tod macht nicht, wie viele glauben, die Tragödie weniger tragisch, sie wird zur seelischen Folter, und jeder, der Angehörige sterben gesehen hat, weiß, daß sie sich gegen die letzte Konsequenz des Dahinsiechens mit allen Mitteln wehren.
Ich habe mich in meinen jungen Jahren immens vor dem Tod gefürchtet. In älteren Jahren hat sich das gegeben. Der Gedanke an das Sterben kommt mir ganz selten in den Sinn. Der Kampf im Alltag drängt die Beschäftigung

mit dem Ende weitgehend zurück. Wir haben gerade in Kriegszeiten Jahre hindurch mit dem Tode leben müssen. In diesen Zeiten gab es die Todesangst. Heute gibt es die Lebensangst, die um keinen Grad weniger tragisch ist. Auch die Tatsache, daß einer sein Leben freiwillig enden könnte, in jeder Minute, in der es ihm geboten schien, ändert nichts an dem Geheimnis, denn der Tod ist das einzige Geheimnis im Leben.

Elisabeth Flickenschildt
Das Ende – die Sünde – die Gnade

Bisher habe ich sehr selten tote Menschen gesehen. Ich gehöre auch nicht zu denen, die mit einem Gefühl von Wollust und Entsetzen an offenen Särgen vorbeidefilieren und danach nach Hause gehen und sich, teils erschrokken und teils erleichtert, wieder in ihr bisheriges Leben stürzen. Ich sah nur einmal zwei leblose Personen, die mit einer dunklen Decke zugedeckt waren, bei der Autobahnausfahrt in Frankfurt auf dem Mittelstreifen liegen. Zwei unförmige, bewegungslose Gestalten und um sie herum die ganze Unruhe der Autobahn, der Polizei, der anderen Fahrer, die auf ein zertrümmertes Auto und die beiden abseits gelegten Körper sahen.
Aber nun, vor einigen Tagen, kam ich nach Hause und ging in der Abenddämmerung, rosa der Himmel, das letzte goldene Licht und schon einzelne Sterne und die glatte kühle Hälfte des Mondes, über den Friedhof und sah in der kleinen Kapelle neben der Kirche eine Kerze brennen, sah zwei Menschen davorstehen, die in ein leises, murmelndes Gespräch mit der Totenfrau vertieft waren.
Die Totenfrau, die die Toten wäscht, sie ankleidet und ihnen die Augendeckel schließt und die Hände zusammenlegt und alles tut, um ein friedliches, schönes Bild zur Erinnerung an einen »lieben Verstorbenen« zu bieten.
Ich konnte nicht mehr fortgehen oder mich umdrehen, ich mußte vorbei und mußte einen Augenblick stehenbleiben, um guten Abend zu sagen. Ich sah auf dem schneeweißen Kissen, von roten Papierrosen umwunden, ein altes, stilles menschliches Gebilde liegen. Die große weite Stirn, die eingefallenen Wangen, die große Nase, der höhnisch auseinandergeklaffte Mund, ein Bild des Entsetzens und trotzdem von einer unendlichen Ruhe und Beziehungslosigkeit und wunderbarer Einsamkeit.
Wer kann sich erklären, wie es vor sich geht? Daß ein lebendiger Mensch mit Gedanken und Worten, mit Bewegung, mit Handlungen nicht mehr da ist. Wo ist er? Wir wissen es nicht, niemand weiß etwas. Niemand. Alles ist nur Gedanke, keine Wahrheit, keine Wirklichkeit, wenn wir nicht die Auferstehung Christi für die einzige Wahrheit halten. Aber wer kann das? Wer ist wirklich dazu imstande? Wer hat den Mut zu begreifen, daß es eine

Ewigkeit gibt, die für jeden da ist oder da sein müßte. Für uns ist Geist noch lange nicht etwas so Selbstverständliches, daß wir seine höchste Form verstehen können, die Auferstehung, zu Gott gehen, zu Gott zurückkehren, eins sein mit ihm im Licht. Es ist nur die Sehnsucht der Menschen, niemand möchte, daß das, was man als wunderbare Augenblicke im Leben kennengelernt hat, zu Ende geht und daß nichts mehr kommt als das Nichts. Hinein in die Grube, zugedeckt mit Erde, hinein in das Feuer, verbrannt bis auf die letzten Knochen. Kein anderer Abschluß ist möglich.
Um dieses Ende genau zu wissen und daß es nichts anderes gibt – was bliebe dann Besseres als die Hingabe an den Genuß, ans intensive Leben?
Aber wie sehen sie aus, die diese Konsequenz versuchen gradlinig zu verfolgen?
Immer häßlicher erscheinen sie uns, alberner, törichter. Ihre Kräfte werden geringer, ihre Gedanken stumpfen ab, sie wackeln mit dem Kopf und bieten kein Bild, dem man folgen möchte.
Was aber ist besser, was ist das Richtige?
Niemand darf behaupten, daß er es weiß.
Und man bedenkt die Milliarden Lebewesen, die schon über diese Erde gegangen sind, diese unheimliche Bewegung in ständiger Wiederholung. Auf einer Kugel. Schwebend in einem endlosen Raum. Millionen Systeme von Sonnen. Und auch diese Millionen verfallen wieder und verglühen und sind am Ende nur Staub.
Kein Ende, sagt Faust. Nein, kein Ende. Ihr Ende würde Verzweiflung sein.
Ist der Tod das Ende?
Dem Propheten Jesaja hat Gott gesagt: »Ich will einen neuen Himmel machen und eine neue Erde, daß man der vorigen nicht mehr gedenken wird, noch sie zu Herzen nehmen.«
Wo sind wir dann alle?
Es gibt zwei Worte, die heute tief vergraben sind, weil sie uns stören, das Wort: Sünde
und das Wort: Gnade.
Der Bericht vom Beginn des Menschen weiß auch sogleich von der Sünde zu erzählen und von Austreibung und Verdammnis!
Und warum spricht Gott heute nicht mehr?
Oder hört es niemand?
Auf diese Gnade muß neu und immer wieder gewartet werden.

Hans-Georg Gadamer
Der Tod muß unbegreiflich sein

Die Freiheit des Denkens ist der wahre Grund dafür, daß der Tod eine notwendige Unbegreiflichkeit hat. Es ist die Freiheit, daß ich hinausdenken kann und muß, daß ich von mir wegdenken kann und muß, daß ich die innere Aktuosität meines Denkend-Seins beständig extrapolieren muß. Niemand ist hier, der auf die Frage eine Antwort hat: Wie soll ich das verstehen, daß ich, in dem jetzt in diesem Moment diese denkende Bewegung da ist, einmal nicht bin? So scheint das Denkend-Sein der Grund für die Unbegreiflichkeit des Todes zu sein und zugleich das Wissen um diese Unbegreiflichkeit zu enthalten.

Guardini hat einmal gesagt, der Tod sei die ontologische Ehre des Menschen. In der Tat. Ehre ist vor allem dies, daß man auf sich hält – sie ist nicht eine Auszeichnung, auf die man auch verzichten kann. Und es ist wahr: Eine solche Auszeichnung, auf die man nicht verzichten kann, ohne die man nicht leben kann, ist für den Menschen der Tod. Das heißt offenbar, daß wir im Unterschied zu allem anderen Lebendigen dies als Auszeichnung haben, daß der Tod für uns etwas ist. Die ontologische Ehre des Menschen, das, worauf er unbedingt hält und was ihn sozusagen vor der Gefahr bewahrt, sich und damit auch sein eigenes Frei-Sein-Können zu verlieren, besteht darin, daß er sich die Unbegreiflichkeit des Todes nicht verdeckt.

Märchen sind wohl das Früheste, was ein Kind berührt und an dem es zum erstenmal ahnt, was der Tod ist. Da ist das Märchen von dem Haus, in dem die Kerzen aller Lebenden brennen. Der Besucher dieses Hauses, der staunend und bang sich umblickt, fragt am Ende auch nach seiner eigenen Lebenskerze – und erschrickt. Was auch ein Märchen im einzelnen weiß – das Herabbrennen der Lebenskerze ist jedenfalls ein ehrwürdiges und treffendes Symbol für das menschliche Leben und seine Spanne, weil daran die Endlichkeit und Vergänglichkeit unseres Daseins symbolhaft gegenwärtig ist. Das Erschrecken im Anblick der eigenen Lebenskerze ist wie ein Aufflackern der innersten Angst, die mit der Lebensgewißheit gegeben ist.

Aber es ist noch etwas anderes, was das Symbol der Lebenskerze uns darstellt – und das ist das Flackern der Kerze selbst. Während eine ruhig herabbrennende Kerze, von dem Wind der Zeit hin und her bewegt, zwischen Verdunkelung und neu ansteigender Helligkeit hin und her schwankt, scheint das Flackern der verlöschenden Kerze zuweilen noch ein klein wenig mehr Helligkeit zu verbreiten als das der ruhig abbrennenden: Die Unbegreiflichkeit des Todes ist der höchste Triumph des Lebens.

Fritz Joachim von Rintelen
Das Sterben und die Frage nach dem Sinn

1. »Wir wissen, daß wir sterben müssen« – um diese Frage geht es schon Adolf Sternberger in seiner Schrift über den »verstandenen Tod« (1934; S. 8). Wir sind nun einmal auch vitale Wesen, welche in der Natur immer wieder zugrunde gehen. Oder sind wir mehr, sofern wir uns des kommenden Sterbens immer bewußt sind? So spricht *Heidegger* von dem *»Sein zum Tode«* als Sorge und Bevorstand. »Das Dasein stirbt faktisch, sofern es existiert.« Uns ist das »Hingerichtetsein zum Tode« stets gegenwärtig. Dieses ist uns um so mehr gegenwärtig geworden, als in den letzten beiden Weltkriegen so viele, vor allem die blühende Jugend, ihr Leben geopfert haben, was sich als sinnlos erwiesen hat. Darum wird gerade heute die Beantwortung der Frage des Sterbens zu einem innersten Anliegen, zu einem bedrohenden tiefen Geheimnis. Verbleiben wir in einer abgründigen, antwortlosen Hoffnungslosigkeit? Stellt uns nicht das unerbittliche Sterben vor eine Gebrochenheit unseres Daseins? Freilich ist das Sterben immer »wesensgemäß das meine« (Heidegger). Wir stehen nach Karl Jaspers hier in der »Grenzsituation des Todes«. Müssen wir nicht das Sterben lernen? Von dem bekannten Dichter *Rainer Maria Rilke* stammen die Worte:

»Der Tod ist groß – Wir sind die Seinen – Lachenden Munds. – Wenn wir uns mitten im Leben meinen, – Wagt er zu weinen – Mitten in Uns.«

2. Gewiß kann das Sterben für uns sehr unterschiedlich sein, ob etwa eine durch die Familie beglückte Mutter plötzlich aus ihr ausscheiden muß, ob ein älterer Mensch nach einem reichhaltigen Leben ermüdet sein Leben verliert oder ob ich durch das Sterben von einer mich erschütternden Krankheit befreit werde. Sehe ich aber in dem Sterben nur Seinsvernichtung, einen vollständigen Verlust des eigenen Selbst, dann ist für uns der Tod das Letzte. Worin besteht dann in unserer Endlichkeit die Erfüllung unseres Lebens? Dürfen wir danach heute überhaupt noch fragen angesichts einer rein physikalisch-mechanistischen Interpretation der Natur und unserer Wirklichkeit, mag auch jene Interpretation von den führenden Physikern gegenwär-

tig überwunden sein? Sie hatte aber eine eindeutige *Entpersonalisierung*, so auch weitgehend im öffentlichen Leben, zur Folge. Aber tiefere Fragen zu stellen beunruhigt uns. Somit sei auch die nach dem Tode ausgeklammert. Wird alles zu einer »machina mundi« (Astronom Meurers), dann ist das Sterben nur ein notwendig sich ergebender Maschinendefekt. Aber angesichts solcher Haltung spricht gerade die junge Generation in einem Gedicht (Würzburg 1968, Jugendzeitschrift) von dem »Verlorensein in die Leere, dem Angstlachen vor dem Unaussprechlichen«.
Gerade die Jugend steht vielfach vor einer Ratlosigkeit, Einsamkeit, wenn nicht Lebensverdrossenheit, einem geistigen Vakuum, mitunter mit einer Neurose verbunden. Das bedeutet aber nach dem Verhaltensforscher *Konrad Lorenz* nicht eine »menschliche Evolution, sondern Involution«, eine Rückentwicklung unseres Daseins.
Darum wird weitgehend von der heutigen entwurzelten *Daseinsangst*, nicht Daseinsfreude, und nach Jaspers von der noch tiefer liegenden »Existenzangst« mit der Flucht nach vorn gesprochen, ja der Angst vor dem *Nichts* angesichts des Sterbens. »Mußte man nicht das Nichts anbeten«, fragt bereits Nietzsche und sieht einen aufkommenden Nihilismus voraus, der mitunter Neigung zum Selbstmord hervorruft, uns vor eine Sinnlosigkeit stellt. So kam es nach Max Scheler »zur Revolte der Natur im Menschen und alles dessen, was dunkel, dranghaft und triebhaft ist, alles Unbewußten gegen das Bewußtsein. Es mußte einmal kommen« und ist nun da. Dann ist es doch nur sinnvoll, nach eigenem, vorübergehendem Wohlstand, Befriedigung und Nutzen zu streben, mag das letztlich fragwürdig und nur relativ sein, bis schließlich das Sterben eintritt. (Vgl. das für mich und die Gemeinschaft Nützliche zu Beginn des Nationalsozialismus.) Wir wissen aber aus der Kulturgeschichte zur Genüge, daß sie nur schöpferisch sein kann, wenn letztlich geistig-personale Aspekte den Menschen bestimmen, welche jenseits des Sterbens ihre zeitüberlegene Bedeutung haben.
3. Welche Antworten können wir nun auf die Frage nach dem Sterben geben? Betrachten wir es zunächst geschichtlich nach unterschiedlichen Aspekten. Das Schweigen vor dem Sterben, die Gelassenheit seiner Hinnahme, auch als Folge der dargelegten gegenwärtigen Empfindungsweise, ist bereits in der *Antike* bei *Aischylos* (gest. 456 v. Chr.) zu beobachten. Für ihn ist das Sterben eine Erlösung von Jammer und Not. Der Aias des *Sophokles* sagt: »Grab, süße Todesgruft, winkst du mir?« Ist dadurch nicht die Vernichtung des eigenen Selbst angenommen, wenn auch eine Reinigung (katharsis) von dem Übermaß, der Hybris, für den Helden erwartet wird? Gegenteilig ist das Pathos einer reinen Weltfreudigkeit, wie sie etwa in der *Renaissance* auftritt. Jene wendet sich in dem späteren *Rationalismus* der Aufklärung den Gütern des Daseins und der bloßen Zweckhaftigkeit und Nützlichkeit zu, dem utile, auch in ethischer Hinsicht. Aber deren Unzulänglichkeit wird heute angesichts der gegenwärtigen Weltkrise deutlich gesehen. Die Frage nach dem Sterben tritt bei jener Haltung vollends zurück.
Unterschiedlich ist der geschichtlich immer wieder auftretende *Naturalismus* eingestellt, bereits in der Antike bei den jonischen Naturphilosophen

oder im mittelalterlichen Averroismus. Alles ist nur ein natürlicher Rhythmus von Leben und Tod, und mit dem Sterben gehen wir in die allgemeine Kraft des Alls ein (sog. Panpsychismus). Diese Auffassung beobachten wir auch in *Ludwig Feuerbachs* »Tod und Unsterblichkeit« (1830). Eine befreiende Antwort ist damit kaum gegeben, und Feuerbach spricht sogar von der »reinsten Wüste des Todes«.
Ein Eingehen in das unendliche Universum nach dem Sterben kennt auch die *Romantik*, aber mit einer durchaus anderen Sicht. Hier wird die nach Nietzsche dem deutschen Wesen so eigene Schwermut, das Tragische, die Schicksalsüberlassenheit entscheidend empfunden. Es tritt eine *Todesmystik des Sterbens* uns entgegen, verbunden mit einer Allsehnsucht als Befreiung von der zeitlichen Verfallenheit mit der Natur und ihren düsteren Mächten, von den Fesseln begrenzender Enge. »Durch den Tod wird das Leben verstärkt«, sagt sogar *Novalis Hardenberg*. Aber ist es nicht ein überpersönliches Sich-Verlieren im Universum? Verwandtes können wir auch bei den modernen Vitalisten *Ludwig Klages* und bei *Rilke* feststellen. Dieser spricht von dem Sterben, sofern wir ins »Offene«, »Stille« wieder zurückgenommen werden, so daß wir eine Einheit von Leben und Tod annehmen können. Immerhin nimmt er, sagen wir, eine Zwischenform von endlichem, zeit-räumlichem Dasein und einer eigenen Transzendenz an, sofern wir aus dem Totenreich durch unsinnliche Stimmen »ununterbrochen Nachrichten« entnehmen. (Vgl. moderne Parapsychologie.) Beide Sphären stellen aber eine »große Einheit« dar. (Br. aus Muzot Nr. 106.)
Von geschichtlich produktiver Bedeutung ist der Gedanke, daß unser Sterben zugleich ein Eingehen in eine überzeitliche, ewige Welt im Sinne der *Unsterblichkeit* des eigenen Selbst ist. Er tritt uns schon im *indischen Geistesleben* entgegen, so in der Bhagavadgita, in der Karmalehre des späteren Hinduismus, mag auch das Selbst, nicht das ego, immer bereits eine Einheit mit dem göttlichen brahman darstellen. Zum Teil liegt er auch im Buddhismus vor.
Das *klassisch-griechische* Denken stellt eine Eigenständigkeit der je einen menschlichen Geistseele heraus, die nicht nur aus Teilen besteht. Gerade weil sie von Natur aus zur Dimension des Überzeitlichen jenseits von Raum und Zeit strebt, hat sie teil am Unvergänglichen. Verwandtes sagt uns auch Friedrich Schiller in »Worte des Glaubens«:

»Hoch über der Zeit und im Raume schwebt
Lebendig der höchste Gedanke;
Und, ob alles in ewigem Wechsel kreist,
Es beharrt im Wechsel ein ruhiger Geist.«

Nach Plato geht gerade darum die Geistseele wieder in ein ewiges Dasein ein; denn sie ist für ihn kein Konglomerat physikalischer Kräfte. Warum, fragt er sich, kommt es denn in der Natur zu dieser höchsten Gestalt im menschlichen Geiste, zur veredelnden Vollendung und dadurch zum Bezug zum Ewigen, wenn es durch das Sterben wieder vollends zugrunde gehen sollte?
Die Unsterblichkeit, verbunden mit dem Streben zum Vorbild Gottes, wird

dann auch zum zentralen Gedanken des *Christentums*, später des *Islam*. Das Sterben ist dann eine Erhebung in das Reich Gottes, wenn das Geschöpf sich ihm in seinem Leben zugewandt hat. *Blaise Pascal* (gest. 1662) sagt in seinen Pensées (Fragment 194): »Die Unsterblichkeit der Seele ist etwas, das uns so stief berührt, daß man jedes Gefühl verloren haben mag, wenn es einem gleichgültig ist, zu wissen, was es damit auf sich hat«; alsdann liegt eine Verdrängung vor. Im Augenblick des Sterbens wird es mir erst voll bewußt.

Unter den verschiedenen Antworten auf die Frage nach dem Sterben sind eigentlich nur zwei, die eindeutig Stellung nehmen. Entweder wird mit dem meistens eintretenden Ärgernis des Sterbens eine volle Vernichtung unserer Existenz als Abschied von allem angenommen, teilweise als eine Befreiung von der Not ohne einen Blick darüber hinaus. Oder es liegt ein Eingehen in eine höhere Sphäre erhabener Transzendenz von der Zeitlichkeit zur Überzeitlichkeit als letzte Sinnerfüllung vor, und der erschütternde Tod ist überwältigt. Welche Haltung schließt eine Verengung des Wirklichkeitshorizonts ein oder eine Wirklichkeitsferne und nicht Wirklichkeitsnähe?

4. Eine Antwort auf die Frage nach dem Sterben können wir meines Erachtens nur geben, wenn wir auch die Frage nach dem *Sinngehalt* unseres Lebens stellen. Oder leben wir nur in einem sinnlosen Trugbild? Andererseits steht dem angenommenen Überstieg unseres endlichen Daseins eine moderne metaphysische Skepsis gegenüber. Nach *Jaspers* können wir hier höchstens von einer *Chiffreschrift* der Transzendenz sprechen. Selbstverständlich ist dafür ein physikalisch-mathematischer Beweis schon der Methode nach nicht möglich, wenn auch sich rechtfertigende Begründungen aus einer umfassenderen Gesamtbetrachtung aufgewiesen werden können. Aber letztlich stehen wir hier vor einer inneren *Entscheidung*. Gerade das wird uns angesichts des Sterbens mit Dringlichkeit gegenwärtig.

Die nicht zu umgehende *Sinnfrage* und damit die *Wertfrage*, eben das, was sich selbst rechtfertigt, ist heute in der Welt, wie ich in Japan, Indien, Nord- und Südamerika feststellte, wieder sehr hervorgetreten, gerade wegen einer als leer empfundenen Betriebsamkeit und des nur äußeren, fragwürdigen Erfolges. Hier handelt es sich nicht um etwas Abstraktes, sondern das konkrete Lebensgeschehen, sofern es die bloße Alltäglichkeit und die Funktion der immer wieder überholten Zeit übersteigt. Mit *innerer Freude* erfüllt uns gerade angesichts des Sterbens, wenn wir im Leben werthaft Positives auch in Hingabe für den anderen oder die Gemeinschaft vollzogen haben, mag es mitunter, wie das Opfer für einen Ertrinkenden, erfolglos, nutzlos gewesen sein. So können wir uns im Sterben ohne Selbsttäuschung unseres erlebten, ureigenen Daseinswillens bewußt werden und darin eine innere Genugtuung gewinnen bzw. unsere Mängel oder egozentrischen Fehler verurteilen. Gerade ein zu überwindendes Leiden, wird uns einsichtig, war Ansporn zu werthafter Beherrschung. Ist aber alles in unserem Dasein total vollendet, kann nicht mehr als tiefere Sinngebung von einer *Bewährung* gesprochen werden, welche letztlich eine freie werthafte Entscheidung voraussetzt. Diese freie Entscheidung wäre auch nicht vorliegend, wenn die

Annahme der Transzendenz und des Fortlebens nach dem Sterben in einer höheren Dimension eindeutig, womöglich empirisch bewiesen werden kann, und das gute Verhalten würde sich dann als einfach notwendig ergeben.

Der Drang zur Transzendenz ist geschichtlich ja immer wieder aufgetreten, verbunden mit der Anerkennung überzeitlicher Normen, wie in der Natur, und von Grundwerten. Ein voller Pluralismus ist, zumal geschichtlich eindeutig aufweisbar, einfach unrichtig. Wenn auch unterschiedliche Aspekte auftreten, so liegt doch im Letzten ein überzeitlicher *Sinnkern* vor. Bereits *Plato* sagt im Phaedon (67e), daß der Eros zum Agathon, die *Liebe zum Guten*, welches sich in der Endlichkeit nie voll verwirklichen lasse, uns in eine höhere, aber allgemeingültige Sphäre erhebt. Sogar *Nietzsche* sagt, wenn auch ohne Annahme einer Transzendenz, »Alle Lust – wir würden sagen: alle Liebe – will Ewigkeit, will tiefe, tiefe Ewigkeit.« Nehmen wir aber eine überzeitliche Dimension der Transzendenz an, dann ist der Vollzug des Guten und Werthaften nicht nur ein zufälliges Ereignis, sondern gewinnt einen ewigen Bestand, in den wir mit dem Sterben, der Endlichkeit enthoben, mit Hoffnung und Vertrauen eintreten. Wir gehen dann nicht vollends zugrunde. Das bedeutet zweifelsohne eine besondere Schätzung der *Menschenwürde* im Sinne einer tief empfundenen Humanitas. Die menschliche *Geistperson* – dieser so schöpferische europäische Gedanke – wird dadurch unaufhebbar werthaft, ist nicht letztlich nichtig und tritt mit dem Sterben in eine überzeitlich höhere Stufe als ewige Heimat ein. Was sie im irdischen Dasein vollzogen hat, erhält eine unaufhebbare Bedeutung.

5. Wie wir nun dazu stehen mögen, die Begegnung mit dem Sterben stellt uns vor die letzten Fragen. Es besteht wohl kaum ein Zweifel, daß in der Todesstunde, wenn sie uns bewußt wird und das Sterben nicht völlig unerwartet eintritt, das *Gewissen* bezüglich unseres Verhaltens im Leben zu uns spricht. Das »Wissen, daß wir sterben müssen« verbindet uns mit der Antwort darauf, worin der Sinn unseres Daseins überhaupt bestand. Ist es möglich, in unserem nunmehr beendeten Leben eine teilweise Erfüllung zu sehen, auch wenn vieles, das wir erstrebten, wieder als unbeständig zugrunde gegangen ist? Liegt nicht die befreiende Größe des Menschen in dem, was er an sich Werthaftes getan hat, dessen Abschluß mit dem Sterben gegeben ist und dessen wir uns angesichts des Todes gegenwärtig werden können?

Ob wir nun einen Fortbestand der eigenen Geistseele annehmen oder nicht, die Fragen nach der positiven Sinnerfüllung oder auch des negativen Tuns in unserem Leben treten angesichts des Sterbens in gleicher Weise hervor. Der bekannte französische Dichter *Albert Camus*, der sogar von der *Absurdität* unseres Daseins spricht, gab mir im Gespräch in São Paulo zu, daß es ihm in seinem Roman »Die Pest« um die sehr werthaften Unterschiede des Verhaltens der einzelnen Menschen, sei es mit hilfsbereiter Hingabe oder sei es nur egoistisch, gegenüber den schwer Erkrankten gegangen sei, und diese Frage nach dem positiven *werthaften Sinn* unseres Tuns werde ihn noch näher beschäftigen. Einige Monate später kam er bei einem Autounfall ums Leben. Darum sei abschließend zum Ausdruck gebracht, daß wir gerade angesichts des Sterbens in einer Situation sind, in der unser sinnvolles oder sinnwidriges Verhalten im Leben als Ergebnis uns voll bewußt werden kann und wir in Distanz zu allem eine innere Rechtfertigung vor uns selbst sowie eine überwindende Distanz zu unsern Fehlern und unguten Taten gewinnen können. Vor allem mit der Annahme der Unsterblichkeit gewinnt dieser Gedanke eine entscheidende Bedeutung.

Günter Rohrmoser

Die Grundverlegenheit

Die Religionskritik von Feuerbach, die Karl Marx immer seiner eigenen Theorie voraussetzte, begann nicht zufällig mit Reflexionen über Tod und Unsterblichkeit. Noch für die Aufklärung des 18. Jahrhunderts war der Glaube an die Unsterblichkeit der Seele eine Macht, von deren Wirksamkeit wir uns heute nur schwer eine Vorstellung machen können. Für Lessing war Jesus in seiner Schrift über die Erziehung des Menschengeschlechts der einzig wahre und wirksame Lehrer der Unsterblichkeit der Seele. Eben dieser Glaube wird von Feuerbach destruiert. Es gibt kein Leben nach dem Tode, und es darf auch keine Hoffnung darauf geben, weil sonst die Kräfte des Menschen von einer Verwandlung des Diesseits und der politischen Veränderung der Gesellschaft abgelenkt würden. Jede nicht naturalistische Deutung des Todes kann dazu benutzt werden, den Glauben an illusionäre Ziele zu stärken und die Kräfte der Revolution zu schwächen. An die Stelle einer postmortalen Existenz der Seele tritt die den einzelnen überdauernde menschliche Gattung, und der einzelne wird aufgerufen, sich selbst auf die Förderung der Zwecke der Gattung hin zu transzendieren. An die Stelle eines vom Diesseits ablenkenden, sterilen und illusionären Glaubens an die Unsterblichkeit der Seele tritt nun die Politik.

Die Anforderung an den Menschen, sich durch Teilnahme an gesellschaftlich politischer Praxis als ein natürlich biologisches Wesen zu überschreiten, sich hinter sich selbst zurückzulassen, steht in einer unausgeglichenen Spannung zu dem Wissen, von dem auch der Marxismus spricht, daß der Mensch sterben muß. Die russische Intelligenz im Rußland des 19. Jahrhunderts war daher von der Überzeugung getragen, daß der revolutionäre Umbau und Neubau der Welt mit den mit diesem Experiment verbundenen Opfern nur verantwortet werden könne, wenn das letzte Ziel der Revolution die Abschaffung des Todes ist.

Diese radikalste Utopie einer Abschaffung des Todes war und ist eine der bestimmendsten Antriebskräfte dieses ungeheuersten Experimentes der Weltgeschichte. In den metaphysischen Meditationen, die Adornos negative Dialektik beschließen, holt Adorno in einer sehr vermittelten Weise

Motive des Anfangs der Philosophie in den Bewußtseinshorizont der Gegenwart ein. Für Platon wäre das Philosophieren ein sinnloses Unternehmen, wenn die Seele nicht als eine Kraft gedacht werden könnte, die den Tod überdauert. So hängt auch für Adorno die radikale Kritik an einer Welt totaler Negativität von der Denkbarkeit eines Sinnes ab, der die mögliche leibliche Identität des Menschen über den Tod hinaus impliziert. Der Glaube Kants wird durch das Postulat einer leiblichen Auferstehung überboten. Keiner der marxistischen Denker hat den Tod ernster genommen als Ernst Bloch. Der revolutionäre Einsatz, der die Bereitschaft zum Opfer des Lebens einschließt, ist nicht mit der Ermöglichung eines gedeihlicheren Geschlechtslebens für zukünftige Generationen zu begründen. Daher muß in die Hoffnung auf die revolutionäre Verwandlung der Welt in Heimat die Hoffnung auf eine verwandelte Stellung des Todes im menschlichen Dasein aufgenommen werden.

Doch wie es auch mit dem herausfordernden Charakter des Todesschicksals und des Faktums des Todes für eine emanzipatorische Auslegung des menschlichen Daseins in der modernen Welt bestellt sein mag, in jedem Fall stellt der Tod für den Sinnentwurf der modernen Gesellschaft die Grundverlegenheit schlechthin dar.

Die Sicherung der Zukunft durch politisches Handeln in einer in ihren Grundlagen erschütterten und damit prinzipiell unstabilen Gesellschaft stößt an den Menschen als eine Grenze, dessen Leben nach wie vor durch das Faktum des Todes bestimmt wird. Der Hedonismus als Flucht vor einer nun umfassend gewordenen Verantwortung wird nur so lange möglich sein, solange die ideologische Verdrängung des Todes aus dem öffentlichen Bewußtsein wirksam ist. Der praktische Atheismus wird in der Diskussion der Frage seine Konsequenzen zeigen müssen, in der es um das gesellschaftlich anzuerkennende Recht eines jeden einzelnen gehen wird, über den Zeitpunkt seines Todes zu verfügen. Die Manipulation seiner Geburt fordert mit einer gewissen inneren Notwendigkeit als Entsprechung die Manipulation seines Sterbens. Max Frisch spielt in seinem Tagebuch noch mit der Möglichkeit, senil gewordene Greise, die durch ihre Machtposition dem gesellschaftlichen Fortschritt im Wege stehen, dazu zu überreden, den Freitod zu wählen. Die sprachlose Indifferenz wie das fassungslose Entsetzen, das den aufgeklärten Menschen angesichts des Todes ergreift, sind beide in gleicher Weise Symptome progressiv fortschreitender Infantilität. Die Mischung von Biologismus und Nihilismus ist nicht nur charakteristisch für den Faschismus. Die Förderung des eigenen Lebens nach dem Prinzip einer positiven Bilanzierung von Lust und Unlust kann eben die Achtung vor dem Leben der anderen nicht begründen. Eine Emanzipation, die nur die Frage interessiert, wovon der Mensch zu befreien ist, übersieht, daß in einer radikal säkularisierten Welt der absolute Herr des Menschen der Tod ist, dessen Herrschaft immer bedrängender wird.

Durch diese Entwicklungen wird auf die Verwandlung der christlichen Theologie in eine soziale Ideologie ein neues Licht geworfen. Die Wege der menschlichen Kultur sind durch die Gräber gezeichnet, an denen sich der Altertumsforscher, wie Bachofen, in die Tiefen der Zeit zurücktastet, weil sie Dokumente dafür sind, daß wir es hier mit Menschen zu tun haben. Warum eigentlich? Was ist ein Toter? Heute wird die Frage gestellt, ob es nicht in der Tat irrational und unvernünftig sei, wenn zum Beispiel Antigone ihr Leben für einen Toten einsetzt. Von den Prämissen einer Aufklärung aus geurteilt, die nur noch die Effizienz für ein rationales Kriterium menschlichen Handelns hält, ist die Weigerung der Antigone, einen Toten tot sein zu lassen, völlig unbegründbar. Der Selbsteinsatz der Antigone ist dann von archaischer Irrationalität. Ein Toter ist der absolut Ohnmächtige, er ist ein Ding, über das verfügt und bestimmt werden, der gegen die ihm durch die Lebendigen zuteil werdende Behandlung keinen Anspruch mehr erheben kann. Als der total zur Ohnmacht Verurteilte ist er ebenso der total Funktionslose. Für eine sich an den Funktionen und ihren reibungslosen Abläufen orientierende Humanität ist der Tote der, der keine Funktion erfüllt, wie die Alten und die Kinder. Er erfüllt keine Aufgabe in der Gesellschaft. Ist diese Gesellschaft aber das Ganze, dann ist er nichtig in einer Weise, wie nur ein Mensch nichtig sein kann, der im Kreislauf der gesellschaftlich geregelten Naturprozesse nichtig ist, der das Gesetz der Biologie nicht mehr erfüllt oder nicht mehr erfüllen will.

Weil der Tote ohne Macht und ohne Funktion abwesend-anwesend ist, ist er auch das total Fremde. Als der Fremde bedeutet er die Anwesenheit eines Ungeheuren, Unvertrauten in der sonst so vertrauten, verständig ausgelegten Welt. Damit aber ist die Frage nach der Sorge, die die Lebendigen dem Toten zuteil werden lassen, im Grund die Frage, wie das Sein zu verstehen ist, das ohnmächtig funktionslos und fremd ist. Es ist aber auch zu fragen, wie die Lebendigen sich selbst verstehen, insofern sie auch immer alles dies sind oder doch jederzeit werden können, also krank, wahnsinnig oder tot.

Die Macht des Ursprungs und die Macht des Vergangenen über jede denkbare Zukunft des Menschen gründet nach der Einsicht des Sophokles in der Gewalt, die der Tod über den Menschen ausübt. Man kann seine Wahrheit vergessen, man kann sie verdrängen, aber dadurch, daß man sie vergißt und verdrängt, hört sie nicht auf, eine Wahrheit zu sein. Keine Psychoanalyse wird an dieser Wahrheit etwas ändern. Daß die Menschheit sie vergessen konnte, verdankt sie dem revolutionären Satz einer über den Mythos erst hinausführenden Revolution des religiösen Bewußtseins, der lautet: »Laßt die Toten die Toten begraben.« Es ist die alles entscheidende Anfrage an das gegenwärtig sich kulturrevolutionär gebärdende Bewußtsein, ob es begreift, im Namen welcher Kraft dieser Satz gesprochen wurde.

Robert Jungk
Von der Verantwortung für die Kommenden

In einer Wochenzeitung des amerikanischen Untergrunds las ich vor einigen Tagen folgende merkwürdige Sentenz: »Der Tod muß wohl der aufregendste ›Trip‹ des Lebens sein. Hätte ihn Gott sonst bis zum Schluß aufgespart?« Dieser Vergleich des Endes der menschlichen Existenz mit anderen Versuchen, der alltäglichen Wirklichkeit zu entfliehen (mit Alkohol, Rauschgift, Sexualität) schockiert. Aber er sagt auch etwas über die tiefe Angst aus, mit der Menschen der westlichen Welt – und ganz besonders die Amerikaner – dem Phänomen der menschlichen Sterblichkeit begegnen. Nachdem die Versuche, den Tod möglichst wenig zu erwähnen, in einer Epoche wie unserer, die so voller lebensvernichtender Gewalt ist, gescheitert sind, möchte man nun die bittere Pille versüßen: »Fürchtet euch nicht, denn der letzte Atemzug öffnet euch die Tür zum sensationellsten Lustschauer der Existenz.«

Seit die Verheißungen der Religion in der christlichen Welt nur noch wenig Resonanz finden, müssen die Lebenden versuchen, auf andere Art als bisher mit der Tatsache ihrer begrenzten Zeit fertig zu werden, die ihnen als einzelnen gewährt ist. Die Nachwelt der ewigen Seligkeit und der ewigen Verdammnis ist ihnen ebenso genommen worden wie die tröstende Sicherheit, für ihre Kinder und Kindeskinder zu leben. Die Tatsache, daß der Mensch durch die von ihm selbst erfundenen Instrumente der künftigen Geschichte jederzeit den Faden abschneiden könnte, beginnt erst jetzt in die tiefsten Bewußtseinsschichten einzudringen: Nicht länger nur das Individuum, sondern die Menschheit selbst ist seit der Erfindung und dem Gebrauch von Atomwaffen sterblich.

Die Schatten des Kollektivtodes dieser außerordentlichen Spezies Mensch widerstehen jeder Tröstung. An Beschwichtigungsversuchen hat es in den letzten drei Jahrzehnten gewiß nicht gefehlt, und einige von ihnen stützen sich auf durchaus überzeugende Argumente. Dennoch läßt sich die Angst, es könnte durch eine unglückselige Verkettung von Umständen doch einmal dazu kommen, daß die in den Arsenalen gehorteten Vernichtungsmittel zur Anwendung gelangen, niemals mehr ganz vertreiben. Selbst wenn der heute noch unvorstellbare Umstand eintreten sollte, daß die Großmächte einmal dieses über der Menschheit schwebende Damoklesschwert zerbrechen, würde damit ja noch lange nicht das Wissen darüber ausgelöscht, wie diese Waffen erdacht, entwickelt und gebaut wurden, so daß irgendeine spätere Generation abermals versuchen könnte, sie heimlich herzustellen.

Versucht man diesen Gedanken logisch weiterzudenken, so gerät man an den Abgrund tiefer Verzweiflung. Und diese Verzweiflung spüren indirekt auch jene, die in ihrem Alltagsleben nie oder nur ganz selten über den Tag hinaus denken. Die für unsere Tage so typische Haltung des Strebens nach Sicherheit ist geboren aus dem Gefühl tiefster Zukunfts-Unsicherheit. Möglichst viel erleben, möglichst viel besitzen, ohne nach links oder rechts, nach hinten oder nach vorne zu schauen – das ist die Devise nur zu vieler Menschen an dieser Jahrtausendwende. Wenn sie spotten »Nach uns die Sintflut!«, so verbirgt sich hinter der biblischen Reminiszenz eine scheinbar durchaus realistische Einsicht. Die Sintflut ist näher denn je, und wahrscheinlich würde keine Arche mit ihren Insassen sie überleben.

Ich sage: »*scheinbar* realistisch«, und damit will ich ausdrücken, daß die Prognose der Menschheitskatastrophe zwar auf dem Papier stimmt, aber einen wichtigen, vielleicht den entscheidendsten Faktor zuwenig bedenkt: den Überlebenswillen der Menschen. Er kann zwar den Tod der Individuen nicht verhindern, aber er wächst – wie die bisherige Geschichte gezeigt hat – mit der Größe der Bedrohung der Spezies. In unserer Generation, die sich als erste mit der Perspektive des Menschheitstodes auseinanderzusetzen hat, sind nicht zufällig geistige Bemühungen entstanden, die den fatalen Entwicklungen des Zeitalters entgegenzuarbeiten versuchen. Da ist z. B. die Tendenz zur Erweiterung des Gesichtskreises vom Einzelnen zum Ganzen, die in den Arbeiten der Systemanalyse und den zunehmenden Bestrebungen nach Interdisziplinarität und Universalität ihren ersten geistigen Niederschlag findet. Nicht nur die unmittelbaren Wirkungen allen Handelns, sondern auch die vielfältigen Nebenwirkungen werden jetzt immer mehr bedacht. Mit den elektronischen Datengeräten sind uns Instrumente an die Hand gegeben worden, die solche Gesamtbilder mit den Warnungen und Hoffnungen, die von ihnen ausgehen können, laufend zur Darstellung bringen können, so daß ein Handeln aus Unwissenheit oder Blindheit immer unverantwortlicher wird.

Ein zweites Element möglicher Rettung könnte die Entwicklung begründeter Vorausschau sein, wie sie in der Zukunftsforschung versucht wird. Wir werden von ihr keine exakten Prognosen zu erwarten haben, sondern viel eher ein erhöhtes Verantwortungsbewußtsein. Die Prognostik kann nicht voraussagen, welche noch nicht vorhandenen Erfindungen und Überraschungen bevorstehen, aber sie kann mit einem hohen Wahrscheinlichkeitsgrad zeigen, welche Folgen Neuerungen haben könnten, sobald sie einmal erdacht sind. »Blinder Fortschritt« muß und darf nicht mehr sein.

In diesem »darf« kommt das unentbehrliche normative, das ethische Element zum Ausdruck, das neben Übersicht und Voraussicht dem möglichen Ende der Spezies Mensch entgegenwirken muß: das Gebot mitmenschlicher

Solidarität. Es ist bisher vorwiegend gegenüber dem lebenden Mitmenschen verkündet worden. Unter den Vorzeichen möglicher Vernichtung der Zukunft – nicht nur durch Waffen, sondern auch durch die allmähliche Zerstörung der Umwelt – müssen wir in Sorge und Liebe auch an die Noch-nicht-Geborenen denken. Die Mitmenschen von morgen und übermorgen, diejenigen, die hoffentlich lange nach unserem Tode leben werden, haben ein Recht auf unsere mitmenschliche Sympathie. Ihnen sind wir viel näher und viel stärker verpflichtet, seit die Folgen unseres wissenschaftlichen und technischen Handelns den Rahmen einer Lebensspanne sprengen und wesentlich in die Existenz der Kommenden eingreifen.

Wir wissen, daß wir sterben müssen, wir wissen aber auch, daß die künftigen Generationen – jede für die ihr mögliche Spanne – das Recht haben, bis zu einem natürlichen Tode zu leben. Indem wir ihr Wohlbefinden zum Gegenstand unserer Überlegungen und unseres Handelns machen, überwinden wir die unserer Existenz gesetzten physischen Grenzen. Es ist nun nicht mehr die Furcht vor ewiger Verdammnis oder die Hoffnung auf ewiges Leben, die uns beim Nachdenken über den Tod hinaus bewegt, sondern das Bewußtsein, mit denen, die uns um Jahrzehnte und Jahrhunderte überleben, schon heute und hier zusammenzuarbeiten. Die gemeinsame Aufgabe, die mich mit Söhnen und Töchtern, Enkeln, Urenkeln und allen weiteren Nachfahren bis ins fernste Geschlecht verbindet, ist die Erhaltung der Schöpfung, die niemals ruhende Ehrfurcht vor dem Leben, die uns heute erfüllen muß und morgen und übermorgen und überübermorgen noch erfüllen wird, wenn wir, statt egozentrisch dem Stückchen eigenen Lebens anzuhängen, die Weite und Fülle vieler kommender Leben in ihrer Bedrohtheit und Herrlichkeit so nah und wirklich fühlen wie einen Händedruck über den Tod und die kommenden Tode hinweg.

Reimar Lenz
Tod und Gesellschaft

Wir haben immer wissen können, daß Menschen, Kulturen, Sternsysteme und Gottesbegriffe vergänglich sind – und doch haben wir von diesem Wissen nichts wissen wollen. Wir machen Pläne für morgen, die übermorgen zuschanden werden. Als Bürgerliche hoffen wir auf die Fortsetzung des Bestehenden, von dem wir uns ausrechnen können, daß es nicht bleibt, und als Marxisten setzen wir auf Veränderung. Dabei vergessen wir, daß noch jeder Fortschritt ein Fortschritt ist in neue Vergänglichkeit hinein.

Die Welle des Lebens läuft durch die Geschichte, nur jeweils ein, zwei Generationen umfassend, und sie läßt Trümmer, Knochen, wenn es hoch kommt, vergilbende Manuskripte hinter sich. Wir haben hier keine bleibende Statt, und die zukünftige suchen wir nur unter Vorbehalt.

Das Abendland hat allerdings um jeden Preis Zukunft gewollt. Hier strebte man immer nach vorn und weiter und hoch hinaus. Nichts Geringeres ließ man sich versprechen als einen neuen Himmel und eine neue Erde – zu schön, um wahr zu sein. Christliche und marxistische Geschichtsphilosophie wiesen uns Ziele zu, über den Tod hinaus, ewiges Leben oder klassenlose Gesellschaft. Solche Utopien aber, so sinnvoll sie immer sein mögen, setzen den Tod nicht außer Kraft.

Eine Medizin gegen die Vergänglichkeit wird um so hektischer verschrieben, als es sie nicht geben kann. Also werden Placebos verabreicht, Heilmittel ohne Substanz: die Unsterblichkeit der Seele, der Toten Tatenruhm, Frischzellentherapie.

Die aus dem Abendland hervorgegangene westliche Zivilisation wollte Zukunft um jeden Preis – und hat damit jede Zukunft in Gefahr gebracht. Diese Zivilisation versprach Sicherheit vor den Unbilden der Natur – und führt nun in die totale Unsicherheit.

Amerika treibt die Paradoxie der Todes-Verdrängung auf den Höhepunkt – schminkt seine Leichen,setzt ihnen ein wächsern-optimistisches Lächeln auf, während aus jedem Fernsehkrimi, jeder Rüstungsbilanz der Tod nur um so bösartiger grinst.

Die Reife einer Kultur zeigt sich, vermute ich, in der Balance zwischen Lebenswillen und Todesbewußtsein. Wir sind unreif, da wir aus Lebensgier mit tödlichen Kräften hantieren. Nur eine Gesellschaft, die sich mit dem natürlichen Tod versöhnt, den Aspekt ihrer Nichtigkeit akzeptiert, kann der eigenen Gewaltsamkeit entkommen – und überleben.

Denn der Tod gehört von Anfang an zum Leben. Nur wer ihn verkennt, wird von ihm überrascht. Wer immer gegen ihn kämpft, steigert seine zerstörerische Macht. Geistig-seelische Sterbehilfe brauchen wir alle Tage, die körperliche erst zum Schluß. Wir kennen ja dieses Leben als Himmel und Hölle, und das sollte uns nachgerade instand setzen, es so gelassen wie möglich zu verlassen.
Das ›ewige Leben‹ ist jetzt, in der grenzenlosen Tiefe unserer Liebe – es ist eine vergängliche Erscheinung. Gibt es ein volles Leben vor dem Tode, dann allerdings fällt das Sterben leichter. Wenn unser Herz sich hat füllen können, ausgehend von der partnerschaftlichen Liebe, mit der Liebe zu allen Wesen, so haben wir den Blick für das Wesentliche gewonnen, der uns erlaubt, dem Tode ins Auge zu sehen. Sozial bedeutet die Entfaltung solcher Liebe: den Kampf für eine gerechtere, freiere, kreativere, demütigere, kurz, humanere Gesellschaft.
Unsere Freiheit zum Tode macht in diesem Kampf unsere größte Stärke aus. Das Leben ist der Güter höchstes nicht. Die totalitären Mächte in West und Ost rücken an mit Verdummung, Verführung, Agitation, Manipulation, Denunziation, Erpressung – je nachdem. Aber es gibt Möglichkeiten des Widerstands (notfalls durch Freitod).
Es gehört zur menschlichen Freiheit, Leben und Tod bewußt zu gestalten. Insofern fordere ich für mündige Menschen Mitbestimmung über die Art ihres Todes. Der Tod an sich ist nicht der Sünde Sold, sondern ewiges Verhängnis. Aber das schreckliche Sterben ist weitgehend Folge gesellschaftlichen Versagens.
Wir in der Bundesrepublik leben zur Zeit noch in einem Kartenhaus von Wohlstandsillusionen – und haben doch Teil an der Vorbereitung von Katastrophen, deren Gefährlichkeit wir aus unserem Bewußtsein verdrängen.
Wir überlassen unsere »Sicherheit« Militärpolitikern und Atomgenerälen, die den Krieg durch Abschreckung verhindern wollen, ohne garantieren zu können, daß diese Methode narrensicher ist.
Obwohl der Dritte Weltkrieg denkbar ist, verdrängen wir seine möglichen Folgen. Jedermann könnte aber wissen, daß kein Zivilschutz einem Atomkrieg gewachsen ist. Wer nun Abschreckungspolitik mit Zustimmung der Bevölkerung treibt und Krieg immerhin für denkbar halten muß, sollte logischerweise dafür sorgen, daß in öffentlichen Zentren Mittel für Massenselbstmorde der unheilbar Verwundeten eines solchen Krieges bereitliegen.
Besser wäre, mit der weltweiten Abrüstung zu beginnen.
Jedenfalls ist es an der Zeit, daß wir beginnen, den Folgen unseres Tuns ins Auge zu sehen. Es gibt keine totale Sicherheit für das bedrohte, hinfällige Leben in diesem undurchdringlichen Universum. Je mehr wir das Sicherheitsdenken forcieren, uns in Positionen festkrallen, desto schlimmer gefährden wir uns. Schöpferisches Leben bedeutet Hingabe, Risiko und Verzicht auf das Überlebte.
Tod, wo ist dein Stachel? – das könnte nur eine befreite, befriedete, mit dem natürlichen Tode versöhnte Gesellschaft fragen.

Günter Altner
Der Tod – die Tiefe des Lebens

Für denjenigen, der im Feld zwischen Biologie und Theologie arbeitet, weckt die Frage nach dem Sterben sehr verschiedene Gedanken, die – ausgehend von Biologie und Theologie – teilweise merkwürdig parallel und teilweise äußerst widersprüchlich sind. Es hängt dies davon ab, welchen Standpunkt man zwischen den beiden Seiten einnimmt.

Biologie als die Lehre von den lebenden Körpern und den sich an ihnen abspielenden Vorgängen begegnet dem Tod eigentlich nur als dem Grenzfall des Lebens. Gewiß hat es unter Biologen eine lange Diskussion darüber gegeben, ob einzellige Lebewesen, die sich durch einfache Zweiteilung vermehren, potentiell unsterblich seien. Aber diese Diskussion wurde vordergründig zum Zwecke der Aufhellung der evolutiven Kontinuität des Lebens geführt. Und die ist im Falle höherer Lebensformen von der Art, daß sich das aus einer Keimzelle heranwachsende Leben auf dem Weg über erneut gebildete Keimzellen und daran anschließende Befruchtungsvorgänge zur nächsten Generation formt. Das gilt sowohl für den individuellen Fall der Bildung eines Artvertreters und seiner Nachkommen als auch für die Entstehung der Arten, für die Stammesgeschichte insgesamt. Weshalb also unter Biologen vom Tode reden?!

Und dennoch ist der Tod bei der Erforschung des Lebens »mächtig« anwesend. Dies nicht nur wegen der in der biologischen Praxis auffallenden Tatsache, daß die meisten Erfahrungen, die Biologen experimentell über das Leben sammeln, vom Leben mit dem Leben bezahlt werden müssen. Nein, das Sterben ist auch insofern mit dem Leben zutiefst verbunden, als jede Keimzelle und jede Befruchtung die Qualitäten der Elterngeneration bis hin zur Letalität (tödliche Lebensunfähigkeit) variiert, so daß der Auslese ein reich variiertes Material für die zukünftige Evolution geboten wird. Aber was krankhaft und todbringend ist, das liegt nicht von vornherein fest, darüber entscheidet die Beschaffenheit der jeweils auslesenden Umwelt mit. In tropennahen Regionen ist für den Menschen eine bestimmte Blutkrankheit (die sog. Sichelzellenanämie) von Vorzug, da sie mit Malariaresistenz gekoppelt ist. Und wer weiß, ob die erbliche Veranlagung zur Zuckerkrankheit in den kohlenhydratarmen Zeiten der frühen Menschheit nicht einen Vorzug bedeutete!? So wird also die zwischen Todesanfälligkeit und Überlebensfähigkeit spielende Spurbreite des Lebens zur Voraussetzung dafür, daß Evolution geschieht, daß Leben in immer neuen und höheren Formen erwächst. In einseitiger Überspitzung dieses Zusammenhangs könnte man sagen: Die Sterbensanfälligkeit ist konstitutiv für die Entstehung und Entwicklung des Lebens.

Wenn eine ganze Biologengeneration vom »Kampf ums Dasein« sprach, so waren wohl diese Zusammenhänge zwischen Leben und Sterben gemeint, aber dies war dann doch in dem einseitigen und teilweise verzerrenden Sinne verstanden, als müsse sich immer das Lebenskräftige als zukunftsträchtig durchsetzen. Und bezeichnenderweise mündete dieses Denken dann auch in die tödliche Ideologie des Dritten Reiches mit ein. In der Parole vom »Kampf ums Dasein« wird das Leben in seiner konstitutiven Nähe zum Tode nicht ernst genommen, und paradoxerweise erwies sich solche Oberflächlichkeit als lebensbedrohend.

Grundsätzlich haftet dieser Mangel auch vielen Zweigen der modernen Biologie an. Die biomolekularen Fortschritte im Bereich der Genetik und der Mikrobiologie haben bei vielen Forschern die Hoffnung geweckt, als ließen sich auf diesem Wege neue Variationen des Lebens zum Nutzen des Menschen erzeugen. Besonnene Forscher warnen vor den Folgen einer solchen manipulativen Ausbeutung des Lebens. Das scheinbar risikofreie Spiel mit dem Leben, das ja in ganz entscheidendem Maße von dem Pathos bestimmt wird, als könne der Mensch die Entwicklung des Lebens beliebig in die eigenen Hände nehmen und fortsetzen, ist deshalb so gefährlich, weil es die Todesverflochtenheit des Lebens ignoriert. Die eigentümliche Ausblendung des Sterbens und des Todes, die ohnehin in der Biologie vergangener Jahrzehnte üblich war, wird hier total. Und die Folge dieser Verflachung des Lebensbegriffs im Bereich biomolekularer Forschung könnte sein, daß die Todes- und Krankheitskehrseite des dort erzeugten Lebens auf die Experimentatoren und ihre Zeitgenossen zurückschlägt. Es käme dann so nicht, weil dies der Lohn für böse Taten wäre, sondern weil man die pathologischen und letalen Implikationen des Lebens, und das heißt den Tod im Leben vollends verdrängt hat. Was wäre denn, wenn bestimmte genetisch variierte Mikroorganismenstämme eine tödliche und nicht niederzuringende Resistenz entfalteten!?

Man könnte diese Grundsatzkritik ebenso auch für den weiten Bereich der modernen Medizin durchspielen und käme zu einem ähnlichen Ergebnis: auch hier ein Siegeszug todesüberwindender Techniken und Praktiken und gleichzeitig ein eigentümliches Einbrechen des Todes in die glanzvolle Siegeslinie des Lebens: ein Anschwellen psychosomatischer Krankheiten, eine rapide Zunahme moderner Zivilisationskrankheiten und immer gefährlicher werdender Resistenzprobleme.

Auf ganz andere Weise begegnet dieses Verhängnis der tödlichen Todesverdrängung in der Theologie und in der Welterfahrung des christlichen Glaubens. Hier hat man die großen Chiffren, die das Geheimnis des Sterbens und des Todes und seiner Überwindung aussagen, Sterblichkeit, Tod, Sünde,

Jüngstes Gericht, Auferstehung, Ewiges Leben nicht aufgegeben. Man hat sie unentwegt weiter gebraucht. Aber je immanenter die Erfahrung der Lebenswirklichkeit durch den modernen Menschen wurde, desto schemenhafter und unfaßlicher wurden die mit diesen Begriffen gemeinten Inhalte. Was besagt es für den Menschen von heute, wenn ihm die Auferstehung so ausgelegt wird, als sei damit die Erlösung aus Sünde und Tod in einem besseren Jenseits gemeint, in das Jesus vorausgegangen sei und in das ihm seine Gemeinde folgen werde? Welcher Frevel an dem, der die Erfahrung des Lebens nur so machen konnte, daß er sie in der Verlassenheit durchleiden mußte bis zum Tode am Kreuz: Mein Gott, warum hast du mich verlassen? Wenn in Jesu Leiden und Sterben die Ohnmacht des Todes ans Licht gebracht und darin das Leben offenbart wird, wenn solches Bekenntnis wirklich den Anspruch auf Wahrheit erhebt, so dürfen sich die, die sich auf die Nachfolge Jesu berufen, nicht dadurch an dem Zusammenhang zwischen Leiden und Leben vorbeidrücken, daß sie sich mit Jesus zusammen in ein unfaßliches Jenseits der Erlösung aus dem Tode hinausschnellen.
Dietrich Bonhoeffer, der von seinem persönlichen Lebensweg her allen Anlaß hatte, gegen eine solche Mythologisierung des durch Jesus gewährten Lebens zu protestieren, hat es angesichts des auf ihn zukommenden Gewalttodes nachdrücklich ausgesprochen: »Die christliche Auferstehungshoffnung unterscheidet sich von der mythologischen darin, daß sie den Menschen in ganz neuer und gegenüber dem Alten Testament noch verschärfter Weise an sein Leben auf der Erde verweist. Der Christ hat nicht wie die Gläubigen der Erlösungsmythen aus den irdischen Aufgaben und Schwierigkeiten immer noch eine letzte Ausflucht ins Ewige, sondern er muß das irdische Leben wie Christus ganz auskosten, und nur indem er das tut, ist der Gekreuzigte und Auferstandene bei ihm und ist er mit Christus gekreuzigt und auferstanden.« Wer versucht, das irdische Leben wie Christus ganz »auszukosten«, wer sich dazu durch das Kreuz ermutigen und befähigen läßt, der muß wohl die Erfahrung machen, daß sich die mit der Auferstehung gemeinte Unvergänglichkeit nur in der Übernahme des Leidens und damit auch des Sterbens leben läßt. Nicht in dem Sinne passiver Ergebung, sicher mit der »leiden«schaftlichen Anstrengung, vermeidbares Leiden zu überwinden, aber eben aus der Erfahrung heraus, daß sich das Leben in seiner unvergänglichen Kraft nur zeigt, wenn der Mensch dem Tod ins Auge zu blicken wagt und ihn auf sich nimmt.
Mit solcher Deutung ist dann gleich auch gesagt, daß für den christlichen Glauben Leben nicht nur in gesellschaftlicher und sozialer Programmatik aufgeht, so gewiß der Weg zum Leben für den Christen nur über diese Stationen führen kann. Und es ist ebenso damit auch gesagt, daß der Tod für den Christen keine praktikable Größe ist, die er für seine Zwecke je und dann einsetzen könnte, sei es zur Erreichung revolutionärer Ziele oder zur Beendigung eines möglichst leidfreien Lebens. Das Leben zeigt sich für den christlichen Glauben also nur dort, wo die Verdrängung des Todes, sie werde durch mythologische Vokabeln und welche religiösen Praktiken auch immer versucht, aufgehoben ist. Das aber heißt für den Christen, daß er nur dann legitimiert ist, über das Leben zu sprechen, wenn er das Leben bis zur

Neige des Todes auszukosten bereit ist. Wenn man sich darauf einläßt, und dazu ermutigt das Leiden des Jesus von Nazareth, erfährt man die tragende Kraft des Lebens im Angesicht des Todes. Will der christliche Glaube die Unvergänglichkeit des Lebens wirklich bezeugen, so darf er dies nicht mit mythologischen Ausflüchten und Jenseitigkeitsvokabeln tun, er muß dies vielmehr mit der Konkretheit seines sich auf das Leben einlassenden Leidens tun.

Wer zwischen Theologie und Biologie heute hin- und herzugehen bereit ist, um dabei zu erfahren, was Leben eigentlich sei, der stößt auf eine eigentümliche Komplicenschaft zwischen Biologie und Theologie hinüber und herüber. Beide Seiten sprechen in hohen Tönen vom Leben, dies einmal unter der Perspektive des Diesseitig-Machbaren und dies andererseits unter der Maxime des Jenseitig-Unverfügbaren. Aber beide Seiten sparen in eigentümlicher Weise die Todesverflochtenheit des Lebens aus. Sie verdrängen die Realität des irdischen Todes und verkürzen so die Unvergänglichkeit des Lebens und provozieren dadurch die Unzeitigkeit des Todes. Was anders ist die die Gemüter beschäftigende Ökokrise als das Erlebnis einer dem irdischen Leben unangemessenen Lebenspraxis, einer Praxis, die Leben für den Menschen möglichst ohne Todesfolgen haben will, und koste es das Leben der irdischen Mitkreatur. Werden Theologie und Biologie etwas Lebensförderndes beizutragen haben? Sie, die immer vom Leben gesprochen haben und heute nun mit großen Erwartungen überhäuft werden? Oder werden sie zwangsweise zu unfreiwilligen Totengräbern werden, weil sie weiterhin die Wahrheit verschleiern, daß man das Leben nur finden und schützen kann, wenn man dem Tod ins Auge blickt und solches Risiko im Vollzuge des Lebens erlebend, erleidend und mitleidend auf sich nimmt?

Heinz Beckmann
Eine Frage des Lebens

Natürlich weiß ich, daß ich sterben muß. Aber was macht das für mein Leben aus? Es kommt vor, daß ich Dinge nicht tue, weil ich in der nächsten Stunde tot sein könnte, also außerstande, die vollbrachten Dinge wieder gut zu machen. So kann das Wissen um den Tod eine reinigende Kraft haben. Gleichwohl wäre es unmöglich, zu leben, falls man in jedem Augenblick wüßte, daß man sterben muß. Das Leben selbst hat eine Überzeugungskraft, die weit über jedes Todesbewußtsein hinausgeht. Der Philosoph spricht in diesem Fall von der Lebensgewißheit. In ihr schwimmen wir wie der Fisch im Wasser. Zu einer inneren Auseinandersetzung mit dem Tod zwingt uns meist nicht das eigene Sterbenmüssen, sondern der Tod eines geliebten Menschen. Wenn ich das tiefgreifendste, buchstäblich erschütterndste Ereignis meines Lebens nennen sollte, so war es der Tod meines Vaters. Eine Welt bricht hinter uns ab. Erst jetzt begreifen wir, daß wir fortan allein für uns einzustehen haben, daß wir nirgends mehr Sohn sein können. Wenn der Tod so leibhaftig und nahe in unserem Leben geschieht, werden wir wirklich mit der Sterblichkeit des Menschen konfrontiert, mit der Wachablösung zwischen den Generationen, die ja eine Folge der Sterblichkeit ist.

Zwei Wochen nach dem Tod meines Vaters begann der Zweite Weltkrieg. Sechs entscheidende Jahre lang war die natürliche Lebensgewißheit des Menschen keinen Pfifferling mehr wert. Man lebte tatsächlich auf Abruf, der Tod hielt beharrlich die Klinke in der Hand. Das war eine merkwürdige Zeit. Gegenwärtiger als das Leben war das Sterben. Ein Kirchenlied aus dem achten Jahrhundert beschreibt den damaligen Zustand unseres Bewußtseins so: »Mitten wir im Leben sind mit dem Tod umfangen.« Wenn ich mir vorstelle, daß alle Menschen unseres Landes, die heute über fünfzig Jahre alt sind, diese Zeit einer ständigen Gegenwart ihres Todes mit vollem Bewußtsein durchlebt haben, wird mir erst recht deutlich, wie gering das Gewicht des Wissens um das Sterbenmüssen im Leben des Menschen ist. Der Tod an der Klinke ist längst vergessen. In vollem, ja vollerem Strom kehrte die Lebensgewißheit in das Bewußtsein zurück. Das alte Kirchenlied verstummte.

Frage ich mich selbst, wo eigentlich das fortwährende Todesbewußtsein jener außergewöhnlichen Jahre geblieben ist, dann stoße ich auf eine ganz andere Erfahrung, ohne die jene Jahre der Schrecken kaum zu überstehen gewesen wären. Durch die ständige Gegenwart des Todes wuchs meine innere Freiheit, nahm zu an Stärke. Sie ist mir geblieben, auch wenn die wiedererwachte Lebensgewißheit das andauernde Todesbewußtsein zum Schweigen brachte. Deshalb müßte ich zunächst einen Lobgesang auf die Todesfurcht anstimmen. Sie hat mir, sechs Jahre lang geübt oder ausgestanden, eine innere Souveränität geschenkt, die ich um keinen Preis mehr missen möchte. Die Klage über das Sterbenmüssen kann darum nicht meine Klage sein, denn es hat mir Leben eingebracht. Für eine solche Erfahrung muß nicht Krieg sein. Es gibt ein erschreckend radikales Beispiel für die Erfahrung der inneren Souveränität, nachzulesen im Buch Hiob.

Auf dem Gipfel des Dramas zwischen Hiob und Gott sagt der aussätzige, mit dem Tod seiner Lieben geprügelte Hiob zu Gott: »Und warum vergibst du mir meine Missetat nicht und nimmst nicht weg meine Sünde? Denn nun werde ich mich in die Erde legen, und wenn du mich morgen suchest, werde ich nicht da sein.« In äußerster Not trumpft Hiob gegen Gott mit seiner inneren Freiheit auf. Albert Camus, dessen erster Roman »Der glückliche Tod« hieß, hat ganz im Sinn der verzweifelten Drohung Hiobs gesagt, daß das Menschenleben unerträglich wäre, falls es nicht die Möglichkeit zum Selbstmord gäbe. So kühne Sätze darf man als Christ freilich nur aussprechen, wenn man dann unverzüglich den Psalm 139 liest: »Bettete ich mich in die Hölle, so bist du auch da ...« Gott bleibt unentrinnbar. Das ist, so paradox das bei Hiob oder Camus klingen mag, die verhüllte Ursache jener inneren Souveränität.

Es widerstrebt mir, den Tod nur als einen furchterregenden, hassenswerten Gesellen zu sehen, der er gewiß auch ist. Doch gehört er nun einmal zu den elementarsten Ereignissen menschlicher Existenz und kann daher, als Ziel und Ende des Erdenlebens, nicht ohne Leben sein. Wer den Tod nur als eine unbegreifliche Katastrophe empfindet, als den schlüssigsten Beweis für die notorische Sinnlosigkeit menschlicher Existenz, hat wahrscheinlich den letzten Satz im Buch Hiob überschlagen: »Und Hiob starb alt und lebenssatt.« So steht es in der Heiligen Schrift. Aber was sagt das uns?

Da gab es während jener sechs Jahre, als der Tod die Klinke in der Hand behielt, eine junge Frau, deren Mann zu den führenden Gestalten der Widerstandsbewegung gehörte. Nach seiner Hinrichtung erreichte sie sein letzter Brief, ein Brief im Angesicht des Todes. Darin stand: »Mein Leben ist vollendet, und ich kann von mir sagen: er starb alt und lebenssatt. Das ändert nichts daran, daß ich gern noch etwas leben möchte.« Helmut von Moltke war erst 37 Jahre alt, als er den letzten Brief an seine Frau schrieb. Vielleicht beschäftigen wir uns ein bißchen zuviel mit dem Sterbenmüssen, statt zu leben und satt zu werden.

Man braucht übrigens gar nicht so hoch zu steigen, bis zu Hiob, Camus oder dem Grafen Moltke. Ähnliche Äußerungen kann man heute in ganz trivialer Form zu hören bekommen. Irgendein Jedermann spricht über künftige Zeiten, ergeht sich gesprächsweise in Mutmaßungen über das, was in zwanzig oder dreißig Jahren geschehen wird. Mit einer erstaunlichen Regelmäßigkeit folgt derartigen Mutmaßungen die Anmerkung: »Aber dann lebe ich ja zum Glück nicht mehr.« Es gibt also, auch in der Trivialität des Daseins, so etwas wie ein Zutrauen zum Sterbenmüssen. Man kann sich darauf verlassen, daß man sterben muß. Leute, die so reden, sind zumeist nicht satt am Leben. Dazu gehört ein sehr erfülltes Leben. Aber vielleicht sind die Leute einfach müde, einfach des Lebens überdrüssig. Wir wissen, daß wir sterben müssen. Ist das wirklich nur eine Pein, die man möglichst verdrängt? Kann man angesichts unseres Jahrhunderts und der mit ihm verbundenen Entlarvung des Menschen ohne Zögern sagen, das Erdenleben sei so lebenswert, daß man es für alle Zeit behalten möchte?

Im christlichen Glauben mit dem Wissen um das Sterbenmüssen zurecht zu kommen ist ungleich schwieriger, als man gemeinhin annimmt. Der Tod ist der Sünde Sold, heißt es, also eine Katastrophe, eine Zerschmetterung des abtrünnigen Menschen. Aber im Gottesdienst singen wir dann: »Sterben ist mein Gewinn ...« oder »... ach, wer wollte denn nicht gerne sterben!« oder nach der Weise des trivialen Zutrauens zum Sterbenmüssen: »... hier mag ich nicht mehr bleiben ...« Der Sünde Sold und doch die Schwelle zum ewigen Leben, zu den Himmeln über den Himmeln, bis man Gott schauen wird. Wenn es je eines Beweises bedurft hätte für die These, daß der christliche Glaube nach irdischen Maßen ein paradoxer Glaube und auch nur in der Paradoxie zu leben sei, dann wird er in dem Verhältnis des Glaubens zum Sterbenmüssen offenbar.

Der Christ erst recht weiß, daß er sterben muß. Der stets gegenwärtige Tod ist ihm näher als anderen Menschen, weil andere Menschen kein anderes Gut haben als ihr zeitliches Dasein. Aber wie soll man persönlich von dieser paradoxen Perspektive des christlichen Wissens um das Sterbenmüssen reden? Ich möchte es nicht gerne fromm sagen, obgleich man gerade in dieser Intimsphäre des Sterbenmüssens nur mit Frömmigkeit leben und dann sterben kann. Aber vielleicht läßt es sich ganz menschlich sagen, in einer gewissen Bescheidung des Glaubens, die ja ohnehin hier auf Erden unser Teil ist. Ich würde sagen, wenn das Sterbenmüssen leibhaftig wird, bin ich einfach neugierig. Allerdings muß ich gleich hinzufügen, daß ich für diesen Übergang, den wir Sterben nennen, einen besonderen Wunsch habe. Ich möchte dann die »Exequien« von Heinrich Schütz hören.

Was mich wirklich beunruhigt im Wissen um das Sterbenmüssen liegt auf einem ganz anderen Feld. Es ist mir sozusagen beruflich begegnet, denn wer aus Beruf und Neigung einen besonders lebhaften Kontakt zur zeitgenössischen Literatur hat, wird immer wieder zutiefst aufgeschreckt, weil ein Teil dieser Literatur, ein Teil der modernen Dichter mit einer furchtbaren Ausschließlichkeit geprägt ist durch das Wissen um das Sterbenmüssen. Nicht zuletzt hat die sogenannte absurde Dichtung hier eine ihrer stärksten Wurzeln. Das Menschenleben, sagt sie, ist absurd, weil der Mensch sterben muß. Es lohnt gar nicht erst zu leben, denn der Reim des Lebens ist der Tod. Ja, der Mensch ist bereits tot, während er zu leben meint. Das Sterbenmüssen ist die Katastrophe allen Lebens, ist die unüberwindbare Pest (Albert Camus). Als ihm in Wien ein staatlicher Literaturpreis feierlich überreicht wurde, sagte der österreichische Dichter Thomas Bernhard statt einer Festrede: »Es ist alles lächerlich, wenn man an den Tod denkt.«

Da hat sich das berühmte »Memento mori!«, erinnere dich daran, daß du sterben mußt, sozusagen in sein Gegenteil verkehrt. Weil der Mensch weiß, daß er sterben muß, ist sein Leben sinnlos, kann allenfalls, wie Bernhard sagt, als eine fortdauernde Vorübung auf den Tod begriffen werden: »Das einzig erreichbare Lernziel ist der Tod.« So sieht Bernhard in den Menschen »nichts anderes als eine in die Milliarden gehende ungeheure, auf die fünf Kontinente verteilte Sterbensgemeinschaft«. Ähnlich exklusive Auseinandersetzungen, oder besser: unleugbare Feststellungen finden sich bei dem französischen Dichter Le Clézio, bei Samuel Beckett und bei Eugène Ionesco (»Der König stirbt«). Das Sterbenmüssen oder schon Totsein mitten im Leben wird zum eigentlichen Thema der Dichtung. Da sitzt die unheilbare Wunde.

Nun muß man freilich vorsichtig sein mit einer vermeintlich überlegenen Anprangerung dieser Todeswunde in der modernen Dichtung. Schon in der Offenbarung Johannis heißt es: »Du hast den Namen, daß du lebst, und bist tot.« Und Blaise Pascal schrieb in der Mitte des 17. Jahrhunderts beinahe wie Thomas Bernhard: »Menschen in Ketten, wovon einige täglich vor den Augen der anderen hingerichtet werden, alle zum Tode verurteilt, während die Zurückbleibenden ihr eigenes Geschick in dem ihresgleichen sehen und erwarten, daß sie an die Reihe kommen: das ist das Bild von der Lage des Menschen.« Das ist die Sterbensgemeinschaft des Thomas Bernhard, gar nicht sehr neu, und wo man sie ernst nimmt, wird man den Titel des letzten Stückes von Ionesco so abwegig gar nicht finden: »Welch gigantischer Schwindel!«, womit er das Leben meint.

Erst die zeitgenössische Literatur hat mich mit dem Sterbenmüssen als der Katastrophe schlechthin konfrontiert. Seitdem ist mir klar geworden, daß die Frage nach dem Sterbenmüssen eigentlich eine Frage nach dem Leben ist. Für jenen Teil der zeitgenössischen Literatur, der sich am Sterbenmüssen zuschanden reibt, ist das Leben absurd, lächerlich, ein gigantischer Schwindel, weil sein Ziel der Tod ist. Das, was der Philosoph Lebensgewißheit nennt, wurde durch das Wissen um das Sterbenmüssen vergiftet, ausgelöscht. Diesen Vorgang kann man gar nicht ernst genug nehmen, zumal in ihm die Frage verborgen ist, ob das Katastrophenbewußtsein um den Tod nicht vielleicht auf einer rasch schwindenden, erlöschenden Fähigkeit zum Leben beruht. Deshalb wird das Sterbenmüssen hier eine Frage nach dem Leben.

In dem Stück »Glückliche Tage« von Samuel Beckett steckt die etwa fünfzigjährige Frau Winnie bis über die Taille und im zweiten Akt bis an den Hals in einem Hügel, der sich aus einer versengten Grasebene erhebt. Es ist schwer daran zu zweifeln, daß dieser Hügel mindestens an einen Grabhügel erinnert. Winnie plappert vor sich hin, während sie ihre Fingernägel feilt. Plötzlich erinnert sie sich daran, daß vor langer Zeit hier »die letzten menschlichen Wesen« vorbeikamen, ein junger Mann und eine junge Frau, Hand in Hand. Winnie plappert vor sich hin: »Nun denn – dieser Pierer – oder Stärer – einerlei – und die Frau – Hand in Hand – in den anderen Händen

Taschen – so was wie große braune Reisetaschen – stehen da und gaffen mich an – und schließlich dieser Pierer – oder Stärer – endet jedenfalls mit er – das schwöre ich bei meinem Leben – Was macht sie da? sagt er – Was hat das für einen Sinn? sagt er – Steckt da bis zu ihren Titten im verdammten Boden – gemein der Bursche – Was bedeutet es? sagt er – Was soll das bedeuten? – und so weiter – lauter solches Zeug – der übliche Quatsch – Hörst du mich? sagt er – Ja, sagt sie, leider Gottes – Was meinst du damit, sagt er, leider Gottes? Und du, sagt sie, was hast du für einen Sinn, sagt sie, was sollst du bedeuten?«

Da wird es nun ganz deutlich, daß die Frage nach dem Sterbenmüssen, nach der Bedeutung der Frau im (Grab)hügel eine Frage nach der Bedeutung des Lebens ist. Für Samuel Beckett steht fest, daß der junge Mann genauso bedeutungslos ist wie die Frau in dem Hügel. Dennoch artet die Frage der jungen Frau an den jungen Mann in eine Provokation aus, die man getrost auch auf sich selbst beziehen sollte. Und du, was hast du für einen Sinn, was sollst du bedeuten? Wenn man es recht begreift, ist wohl erst dies die wahre Frage nach dem Sterbenmüssen. Albert Camus, gewiß kein Christ und zeitlebens umgetrieben durch die Pest des Todes, hat in einem seiner Tagebücher dies notiert: »Es gibt nur eine Freiheit: mit dem Tod ins reine kommen. Nachher ist alles möglich. Ich kann dich nicht zwingen, an Gott zu glauben. An Gott glauben heißt den Tod akzeptieren. Wenn du den Tod akzeptiert hast, wird das Problem Gott gelöst sein – und nicht umgekehrt.«

Als das Sterbenmüssen sechs Jahre lang ganz leibhaftig das tägliche Brot unseres Wissens war, gewann ich eine innere Freiheit, die ich nicht mehr missen möchte. Albert Camus spricht von dieser Freiheit. Aber er spricht dabei noch von etwas mehr, und ich meine, das sollten sich auch die Christen zu Herzen nehmen: »– und nicht umgekehrt«, sagt Camus. Die allgemeine Auskunft Gott ist keine Auskunft zum Problem des Sterbenmüssens. Sicher, der Christ hat ein Recht des Glaubens darauf, Trost, also Überwindung der Todesangst zu suchen in dem reichlich strapazierten Wort aus dem Römerbrief: »Leben wir, so leben wir dem Herrn; sterben wir, so sterben wir dem Herrn. Darum, wir leben oder sterben, so sind wir des Herrn.« Merkwürdigerweise wird dieses Wort immer nur bei Todesfällen zitiert. Mir scheint, man vergißt dabei allzu leicht das »Leben wir, so leben wir dem Herrn ...« Wer so zu leben versucht, für den ist das Wissen um das Sterbenmüssen eine Frage des Lebens.

Armin Volkmar Bauer
Der Pfeil fliegt, das Rad läuft

Gewußt habe ich von Kind an, daß Menschen sterben, doch ich entsinne mich noch genau des Tages, an dem ich anfing, an meinen Tod als meine eigene Zukunft zu glauben. Ich war siebzehn oder achtzehn Jahre alt. Es war spät in der Nacht. Ich war allein in einer menschenleeren, bebauten Straße, rechts Häuser mit schlafenden Menschen, Gaslaternenlicht. Mir ging auf: Ich bin gemeint. Es gab eine Zeit, da geschah Geschichte, ich bedachte sie nicht und niemand bedachte mich. Es wird eine Zeit geben, da wird es wieder so sein.

Heute überfällt es mich manchmal im Rahmen meiner beruflichen Todkontakte als Pfarrer. Hinter Särgen genieße ich das gute Gefühl: Diesmal war ich es nicht! Erfreulich! Besser der als ich! Beerdigen regt dazu an, das eigene Leben zu genießen. Während sich die Trauergesellschaft am Grab der quälenden Sitte beileidhaltigen Händeschüttelns widmet, gehe ich befreit über den Friedhof, atme tief, finde die Bäume, die Pflanzen und alles, was lebendig ist, liebenswert. Mein Tod fand noch nicht statt.

Es gelingt mir unterwegs auf dem Weg zum Grabe nicht, von der Leiche abzusehen, die im Sarg transportiert wird. Sie wird faulen oder brennen. Blumen und Kränze versuchen zu vertuschen, was der Sarg enthält. Sie duften und lassen den süßen Leichengeruch ahnen, sie ermuntern, ihn zu suchen – wie Spray in Krankenzimmern zwischen Bettdecken aufkommende Fäulnis verhüllend betont. Die kostbare Kiste birgt Müll, Rest einer ehemaligen Person. Aufwand und Kostbarkeit sind Versuche, verspätet Schuld abzutragen an dem, der unvermeidlich diskreter Abfuhr verfallen. Mein Tod ist dabei gegenwärtig und sitzt auf dem Wagen – aber ich fühle mich für heute überlegen und behaglich: heute ist nicht mein Tag.

Alte Menschen wohnen mit dem Tod in einer Wohnung. Es gibt nur einen Tod. Ich treffe auch meinen dort. Ich kann ihn riechen. Doch ich bin jünger. Ich hoffe zu überleben und zu beerdigen.

Kranke beanspruchen einen, wenn ihr Tod Schritte auf sie zu macht. Sie wollen, daß jemand bei ihnen aushalte und mit ihnen ins Auge fasse, was da kommt. Ich gebe mir Mühe, am Krankenbett in eine Richtung mit dem

zu schauen, der da liegt. Es kann schwer sein, den Kopf nicht wegzuwenden, wenn der Tod ins Blickfeld tritt; denn der Weg gegen das Ende ist mein Weg: mein Tod ist bei jedem Tod dabei.
Lange schwere Krankheit habe ich mehrfach als erfülltes Stück Leben für den Patienten und mich erlebt: Sterben kann intensives Leben sein, gefüllte Zeit, ein Lebensabschnitt, der vollendet. Mein Sterben könnte eine Chance sein.
Einer starb mitten im Gespräch. Ich sah ihm dabei in die Augen. Er starb nach innen. Die Augen brachen und verschwanden wie die Lichter eines Zuges, der im Berg verschwindet. Ich spürte Neid, nicht mitzureisen, und fühlte mich zurückgelassen. Mein Tod könnte Abreise in eine Heimat sein.
Ab und zu habe ich das Empfinden, der Tod stehe hinter Menschen und sie flüchteten vor ihm mit stetem scheuem Blick über die Schulter: Sie rennen auf der Flucht vor dem Sterben: sie reisen, genießen, schaffen ab, schaffen an, bauen, planen, reißen ab, doch stets ohne Genuß und Verweilen. Sie finden den Mut nicht, sich umzudrehen und ihrem Tod standzuhalten. Wer die Grenze seiner Möglichkeiten im eigenen Leben und die Grenzen des Wachstums in der Geschichte der Menschheit zur Kenntnis nimmt, beginnt seinen Tod hinzunehmen.
Wenn ich krank bin, Schmerzen spüre, denke ich an meine ablaufende Zeit. Wenn ich mich unwiderruflich entscheide, sehe ich eine Möglichkeit meines Lebens sterben und nehme ein Stück meines Todes an. Es ist erträglich, weil ich eine Möglichkeit ergriffen und Leben wahrgemacht habe. Doch, was mir auch gelang: der Pfeil fliegt schon, der mich treffen wird (weit weg noch hoffentlich!), das Beil aus dem Nichts ist aufgehoben, die Uhr ist zum unüberschreitbaren Zeitpunkt hin unterwegs, der Countdown läuft.
Dicke blaue Schmeißfliegen erinnern mich an meinen Tod. Wenn sie in meinen Augenwinkeln sitzen und mit langen Rüsseln ungehindert saugen, bin ich tot.
Von meinem Tod reden mir Ausgrabungen und archäologische Museen, alte Bauten, die erhalten sind: der 9000jährige Turm in Jericho, der kultische Bronzeschatz aus En Geddi im Israel-Museum, Salomons Pferdeställe in Megiddo, Ahabs Palast in Samaria, die Synagoge von Kapernaum, Wagenspuren in Pompeji, Tempel in Paestum, das gekritzelte Schiff des Türhüters in Massada, Fibeln im Museum in Köln: Menschen haben gewohnt, gelebt, genutzt, sie haben geglaubt, gehofft, geliebt. Wo sind sie geblieben? Eine Kette wird unwiderstehlich aufgerollt, in die ich eingefügt bin.
Nicht zufällig stammt ein Teil der Beispiele aus Palästina. Ich empfinde mich als Glied des Volkes Gottes, dessen Existenz mit Abraham beginnt und durch Paulus über das jüdische Volk hinaus ausgedehnt wird. Seine Geschichte durchzieht die Kette der Menschheitsgeschichte richtungweisend wie ein roter Faden. Ich glaube, daß diese Kette von vertrauenerweckender Hand geknüpft und von vertrauenswerter Hand eingezogen, heimgeholt und aufgehoben wird.
Zu diesem Empfinden bieten mir herkömmliche religiöse Bilder und Worte Halt und Hilfe, weisen mir Ziel und Richtung. Gott, der Vater Jesu Christi,

Jesus, der lebendige Herr, Jesus nimmt sich der Sünder an und ißt mit ihnen, damit beginnt ewiges Leben, kommt Gottes Reich. Diese Bilder machen mir Mut, an Sinn zu glauben in einem Leben angesichts des Todes. Sie sind mir ein Schutzdach gegen metaphysische Unwetter, eine Fluchthütte, wenn ich zu erfrieren drohe in der Möglichkeit einer bloßen Erdgeschichte im leeren Weltraum. Dabei sind historisch-kritische, systematische und anthropologische Gesichtspunkte wichtig – wen sie interessieren, der mag meine Bücher lesen –, aber nicht entscheidend. Es geht mir darum, ein Grundgefühl meines Lebens zu beschreiben, das in den biblischen Bildern vorgestellt wird.

Dieses Grundgefühl sprechen der 23. und der 139. Psalm aus. (»Der Herr ist mein Hirt ...«; »Herr, du erforschest und kennst mich ...«) Es findet sich in dem Kinderlied, das ich abends mit unseren Kindern singe: »Leb ich, Gott, bist du bei mir, sterb ich, bleibst du auch bei mir ...«. Aus diesem Gefühl heraus haben Generationen des jüdischen und des christlichen Gottesvolkes bis heute gelebt. Es ist in vielfältiger Weise in der Bibel versprachlicht und in Bilder gebracht: Gottes Liebe begleitet den Menschen im Leben und hört nicht auf, wenn der Mensch stirbt.

Dabei ist mir das Bedenken nicht fremd: Es könnte solches Gefühl aus Angst geborene Regression sein, Flucht vor dem Erwachsenwerden in kindliche Ewigkeitsträume. Wer es mit Gott hält, muß es seit je ohne Garantie tun. Abraham bekommt nur ein Versprechen und den Auftrag zum Auszug.

1962 am Rosenmontag ging vor Koblenz ein betrunkener Soldat auf dem Mittelstreifen der Bundesstraße neun. Er wurde von einem Wagen mit sehr hoher Geschwindigkeit angefahren, flog 40 m durch die Luft, klatschte auf den Asphalt und lag mit rückwärts geknicktem Kopf da. Polizeischeinwerfer leuchteten die Leiche an, als ich hinzukam. Immer mehr angetrunkene Maskierte sammelten sich betreten und sprachlos. Wind machte frösteln. Jemand weinte, jemand erbrach sich. Polizisten arbeiteten routiniert und leise. Ich versuchte ein Vaterunser. Es verlief.

Möglicherweise bin ich ein angetrunkener Maskierter und renne hinter Trostbildern gegen meine Angst her, wenn ich glaube, daß Gott Jesus auferweckt hat. Oder ich habe den gefunden, der Macht hat über meinen Tod. Ich habe auf Jesus gesetzt. Das Rad läuft.

Eva Zeller
Golgatha
brüste sich wer da will

WANN
wenn nicht
um die neunte Stunde
als er schrie
sind wir ihm
wie aus dem Gesicht geschnitten

Nur seinen Schrei
nehmen wir ihm noch ab
und verstärken ihn
in aller Munde

BRÜSTE SICH
wer da will
mit dem Mut
der Verzweiflung;

meine Angst
kann sich sehen lassen,
angesehn
unter den Ängsten
und wahrer,
als ich es wahrhaben will,

ein rotes Tuch,
mein Mütchen
daran zu kühlen.

sagt meiner Angst,
ich verliere sie nicht
aus den Augen,

sagt meinen Trübsalen,
ich schicke mich an,
sie zu rühmen,

sagt meinem Tod,
daß er offene Türen
einrennen wird.

Adolf Köberle
Sapientia mortis

Die allgemeine Beobachtung zeigt zwar, daß auch alte Menschen noch mit erstaunlicher Kraft und Zähigkeit am Leben hängen. Und doch ist die Sprache der höheren und hohen Jahre zu unmißverständlich, als daß man an dem Wissen um unsere Vergänglichkeit vorbeisehen könnte. Wenn Herzschlag, Sehkraft und Gehör spürbar abnehmen, wenn der Schlaf des Nachts nicht mehr kommen will, wenn der Rücken sich krümmt und die Beine den Dienst versagen, dann fällt es nicht mehr so schwer, einzusehen, daß die Tage des Lebens zur Neige gehen.

Auch wenn wir wissen, daß wir sterben müssen, kann doch die Einstellung zu diesem Wissen überaus verschiedenartig sein. In unserer säkular geprägten Welt dürfte weitaus am häufigsten die Haltung der Resignation sich einstellen. Depression, Schwermut, Melancholie sind zu weitverbreiteten Erscheinungen des Alters geworden. Der Mensch, auf die Seite gestellt, vergessen und vereinsamt, fragt sich wehen Herzens: Was hat all das Rennen und Jagen, was hat das ungestüme Verlangen nach Besitz, Ruhm, Ehre und Erfolg für einen Sinn gehabt? Hat sich all die Plage überhaupt gelohnt, erweist sich nicht all das Erstrebte als fragwürdig, vergänglich und nichtig? Schon jetzt, nicht erst in der nachtodlichen Existenz, rächt es sich, wenn ein Mensch nur darauf bedacht war, Schätze im irdischen Bereich zu sammeln, statt auch daran zu denken, am inwendigen Menschen reich zu werden und Werte zu erringen, die kein Dieb und kein Rost antasten können.

Traurigkeit und müde Ergebung in das unabänderliche Gesetz des Vergehens müssen nicht die alleinige Folgerung sein, die aus dem Wissen, daß wir sterben müssen, gezogen wird. Ein Wort altchinesischer Weisheit lautet: »Wenn einer alt geworden ist und das Seine getan hat, steht ihm zu, sich in der Stille mit dem Tod zu befreunden.« Der 90. Psalm kleidet dieselbe Einsicht in die Bitte: »Herr, lehre uns bedenken, daß wir sterben müssen, auf daß wir klug werden.«

Der Berliner Kirchenhistoriker Adolf von Harnack hat erklärt: »Im Alter wird der Mensch Mystiker.« Der Mensch in der Fülle und Vielfalt des Lebens ist begreiflicherweise der vordergründigen Erscheinungswelt zugewandt.

Darüber bleibt kaum Zeit für eine Meditation dessen, was unvergänglichen Wert hat. Das Alter aber sorgt ganz von selbst dafür, daß wir an die Tore der Ewigkeit näher herangerückt sind. Wir öffnen uns wieder für die irrationalen Geheimnisse und Hintergründe des Lebens, die wir in einseitiger Wissenschaftsgläubigkeit allzu lange mißachtet hatten.
Es gehört zur Würde des Menschen, seine Sterblichkeit anzunehmen und sich auf den Abschied aus dieser Welt vorzubereiten. Die Erfahrung der Psychiatrie zeigt: Menschen, die noch in hohen Jahren mit einem Jung-Erscheinen-Wollen kokettieren, die sich und anderen die Tatsache ihrer Hinfälligkeit um jeden Preis zu verbergen suchen, stürzen in schwerste Neurosen oder gar Psychosen, wenn ihnen dann eines Tags doch unverstellt zum Bewußtsein gebracht wird, daß sie todgeweihte Leute sind.
Im Dreißigjährigen Krieg lebte in Görlitz in Schlesien der tiefsinnige Schusterphilosoph Jakob Böhme. Ihm werden die Worte zugeschrieben: »Du mußt manchen Tod zuvor sterben, wenn Dir der letzte glücken soll. Wer nicht stirbt, eh' er stirbt, der verdirbt, wenn er stirbt.«
Wie kann Sterben vor dem letzten, endgültigen Aufbruch eingeübt werden? Es gehört dazu die Bereitschaft, Frieden zu schließen mit Gott, mit dem Nächsten und mit sich selbst. Die Begegnung mit der Wirklichkeit Gottes ist gewiß auf allen Stufen der Lebensbahn möglich. Und doch, wie oft wird sie versäumt ob des Übermaßes der Geschäfte, die uns gefangenhalten. Am Abend des Lebens aber sollte jeder Mensch spätestens die Nähe Gottes suchen und in den Frieden eintauchen, der alles Denken übersteigt.
Vor allem gilt es jetzt, Frieden zu machen mit allen Menschen, zu denen uns der Weg des Lebens geführt hat. Nur keine Bitterkeiten, Unversöhnlichkeiten und Gehässigkeiten auf die letzte Reise mitnehmen, das alles ist unnötiges Gepäck, das auf dem Weg zum letzten Ziel nur unnötig belastet. Auch mit sich selbst sollte der Mensch Frieden schließen und ins reine kommen. Es gibt nicht wenige Naturen, die sich selbst nicht mögen, die mit sich selbst hadern. Mag durch Erbanlage oder durch Milieuschädigung noch soviel Grund und Anlaß zur Selbstzerfleischung gegeben sein, wir wollen es zur Ruhe kommen lassen, ehe sich die Augen zum letzten Schlaf schließen
Sicher kommt es im Blick auf solche Verhaltensweisen entscheidend darauf an, welche Stellung ein Mensch zu den Fragen des ewigen Seins einnimmt. Wer mit der materialistischen Weltanschauung der Überzeugung ist, daß mit dem Tod für immer alles aus und vorbei ist, den mag bei dem Wissen, daß wir sterben müssen, ein Nichtigkeitsgefühl überfallen, das bis zum völligen Sinnverlust der Existenz führen kann. Wer sich von der Allgegenwart Gottes getragen und gehalten weiß, wer sich der todesüberwindenden Auferstehungsmacht Christi anvertraut, den trägt die Gewißheit, daß der Mensch im Tod nicht in eine bodenlose Tiefe stürzt, daß es vielmehr Heimat bei Gott gibt, auch wenn die Vorstellbarkeit einer solchen Gemeinschaft unserem Begreifen verschlossen ist.
Wo wir immer unseren weltanschaulichen und religiösen Standort gefunden haben mögen, in keinem Fall sollte es dahin kommen, daß das Wissen um unsere Sterblichkeit uns die Daseinsfreude raubt, solange uns Leben und Odem zur Verfügung stehen. Vorbildlich erscheint in der Beziehung die

Dichtkunst im Zeitalter des Barock. Ob wir an Andreas Gryphius, an Johann Sebastian Bach oder an Paul Gerhardt denken, sie alle zeigen uns die Fähigkeit, Daseinslust und Aufbruchsbereitschaft in einem großartigen Spannungsbogen miteinander zu vereinigen. Wir finden bei ihnen nebeneinander stehen den Lobpreis auf die Schönheit der Natur, auf das Glück der Liebe, auf die Schaffensherrlichkeit der Kunst, unmittelbar verbunden mit der Erinnerung an das Gesetz unserer Vergänglichkeit.

Die meisten Menschen sind nicht imstande, eine solche Polarität durchzuhalten. Weitaus häufiger begegnet uns eine Haltung, die nur der einen oder der anderen Seite zuneigt. Die einen vergessen über dem Reichtum des Lebens, daß wir hier keine bleibende Statt haben. Sie versinken so völlig in den Gütern und Genüssen der sichtbaren endlichen Welt, daß sie empört, hilflos und unbereitet dastehen, wenn zum letzten Aufbruch geblasen wird. Sehr viel geringer der Zahl nach dürften die »Stillen im Lande« sein, die jetzt schon mehr in der zukünftigen Welt als hier auf Erden leben. Demnach gilt es als Gott besonders wohlgefällig, keinen Blick und keinen Sinn zu haben für die Schönheit des Leibes, für die Farbenfülle der Natur, für eine tatkräftige Bewältigung der uns im Alltag gestellten Aufgaben.

Versuchen wir doch beides miteinander zu vereinigen: eine frohe Dankbarkeit für die Gaben des Lebens, die uns aus dem unermeßlichen Schöpfungsreichtum Gottes zuströmen, und die innere Freiheit und Unabhängigkeit im Umgang mit der Welt aus dem Wissen, daß wir sterben müssen.

Ernst Gottfried Mahrenholz
Alles hat seine Zeit

Daß wir sterben müssen, wissen wir daher, weil um uns herum gestorben wird. Für uns sind keine Gründe ersichtlich, weshalb es uns anders gehen sollte. Es ist ein theoretisches Wissen; das einzige, was wir durch eigene Erfahrung nicht erwerben können, denn diese Erfahrung machen wir ja nicht vor unserem Tode. Darauf führe ich zurück, daß mich der Gedanke an Sterben und an den Tod unberührt läßt. Als Kind habe ich gezweifelt, ob ich überhaupt sterben würde, so unvorstellbar war mir, daß mir einmal das Leben fehlen könnte. Der Gedanke an »Gericht«, »Hölle« und »Ewige Seligkeit« hat diesen Zweifel nicht behoben; vielleicht waren diese kindergottesdienstlichen Ankündigungen von der Art eines Hinweises auf Zustände, zu denen es vom kindlichen Lebensgefühl aus keine Verbindung gab. Das Wissen um das künftige Heil, das Ewige Leben bewegt auch Erwachsene kaum, und wo doch, ändert es allenfalls die *Einstellung zum Tode;* solche Menschen können sich sogar auf ihn freuen, weil sie danach mit ihren Lieben vereint sind oder weil sie das Ewige Leben als die »bleibende Statt« ansehen, zu der sie hier auf Wanderschaft sind. Da sind die allermeisten weniger erwartungsvoll, auch wenn viele unter uns irgend etwas an Zukunft von Gott erwarten. Aber das Wissen vom Sterben-müssen wird fromme und andere Menschen selten zu einem besonderen *Erleben ihres Lebens* aufwecken. Vielleicht geht es eben den meisten wie mir; es ist nicht zu begreifen, daß wir sterben müssen. Unsere vorlaufende Erfahrung erstreckt sich nur auf das Älterwerden. Das ist zweierlei. Denn wer älter wird, bleibt so intensiv lebendig wie der Jüngere. Aber er spürt seine Defekte, und er erfährt das Dahinrinnen der Zeit. Die Defekte machen ihn günstigenfalls zum Nichtraucher, Gymnastik-Treibenden, Spaziergänger usw. Das Verrinnen der Zeit dagegen beklagt er, aber er versteht sich nicht darauf. Ich erzählte einer Ärztin von der Aufgabe, über Sterben-müssen zu schreiben. Was ihr dazu einfalle. Ihr fiel eine Frau ein, die mit ihren drei kleinen Kindern lebt – wie sie weiß, noch etwa sechs Wochen. Ihre Krankheit läßt ihr nicht mehr Zeit zum Leben. Sie lebt anscheinend normal und »kauft die Zeit aus«. Vermutlich lebt sie alles intensiver, d.h.: sie lebt »gegenwärtiger«. Wir haben noch ein vielfaches dieser Zeit zu leben. Aber deswegen sind wir nicht schon in einer anderen Situation. Unsere Vergangenheit zeigt es. Was uns da beschwert – was wir gerne noch einmal leben möchten, wenn wir nur könnten, ist nicht ausgekostete, nicht erfüllte, nicht begriffene Gegenwart. Sich nicht Einlassen auf »Nächste«; Eintrocknen von Neigungen und Fähigkeiten, weil der Beruf vorgeht, natürlich auch vor jede menschliche Beziehung; keine richtige Freude am hier und heute, weil uns dies und jenes besetzt hält. Welche dieser Fehler macht die Frau vor dem Tode, von der ich berichtete? Sicher keinen. Wie wenig Zeit muß man noch vor sich haben, wieviel Gewißheit über seinen Lebensrest braucht man, um in ihrer Art das Leben zu leben? In einem Vortrag über Zen-Buddhismus hörte ich als Antwort auf die Frage, was Zen sei: »Wenn du Tee trinkst, Teetrinken, nichts als das. Wenn das Haus brennt, Wasser holen, nichts als das.«

Walter Leopold
Vorsicht vor Binsenwahrheiten

Es gibt unbestrittene Behauptungen, deren Richtigkeit kein Mensch bezweifelt. So hat es sich zum Beispiel allgemein herumgesprochen, daß zwei mal zwei vier ist oder daß alle Menschen sterben müssen.
Aber schon die alte Geschichte, von der der Ausdruck »Binsenwahrheit« stammt, zeigt, daß man nicht alles glauben muß, was alle glauben: Der Gott Apoll hat angeblich dem König Midas Eselsohren angezaubert. Der Barbier des Königs hat dies erfahren, aber er war zum Schweigen verpflichtet. Nur den Binsen am Flußufer vertraute er sein Geheimnis an, die es natürlich sofort in alle Winde flüsterten.
Ob wohl die Binsenwahrheit, daß alle Menschen sterben müssen, so viel ernster zu nehmen ist als die Geschichte von den königlichen Eselsohren? Der physische Zerfall eines jeden Menschen, das Aufhören der meßbaren Herz- und Gehirnfunktionen kann selbstverständlich nicht bestritten werden. Sterben in seinem ursprünglichen Wortsinn, als körperliches Erstarren, ist eine Realität. Aber das, was man inzwischen unter Sterben versteht – aus dem Leben scheiden – Ende aller Beziehungen –, erscheint mir mehr und mehr als ein sehr fragwürdiges Binsengeflüster. Der Schluß, zu dem die Märchen über das menschliche Wesen kommen, ist wohl wissenschaftlich korrekter und objektiver: »Und wenn sie nicht gestorben sind, so leben sie noch heute.« Tatsächlich leben viele Märchengestalten immer noch.
In der Wirklichkeit ist das Sterben erst recht eine sehr zweifelhafte Sache. Vierzehn Tage vor seinem Tode sagte mir ein Krebskranker: »Ich weiß, daß ich sterben muß, aber ich glaube es nicht.« Sind solche Worte ein letztes angstvolles Aufbäumen gegen die Realität des Todes oder die berechtigte Frage, was Sterben eigentlich heißt: endgültiges Ableben oder endgültiges Aufleben? Überraschend vieles spricht für das letztere. Schon der 118. Psalm erklärt allen Ernstes: »Ich werde nicht sterben, sondern leben und des Herrn Werke verkündigen.« Der 90. Psalm, der das Sterbensthema durchbetet, kommt zu dem Schluß, daß wir nicht sterben müssen, um tot zu sein, sondern um aus allem klug zu werden. Vollends und endgültig fragwürdig wird das Sterben durch Jesus Christus: »Wer da lebt und glaubt an mich, der wird nimmermehr sterben.«

In der Nähe Jesu wird also aus dem Sterben ein Warten auf Gott. Ein zermürbendes, aufreibendes Warten, aber kein aussichtsloses – »Wenn mir gleich Leib und Seele verschmachten, so bist du doch allezeit meines Herzens Trost und mein Teil.« Angesichts des Sterbens müssen wir noch viel mehr Geduld mit Gott haben als bei allen andern unerklärlichen Dingen unseres Lebens. Denn das Sterben ist nun schlechterdings nicht Gottes Sache. Er ist das geliebte Leben, er kennt den Tod nicht, an den wir alle glauben. Entweder ist also Gott oder das Sterben die letzte Realität unseres Lebens. Könnte es nicht sein, daß wir deshalb das traurige Geheimnis des Sterbens nicht lösen können, weil es keinen Tod gibt? Denn Dinge, die es gar nicht gibt, bleiben unerklärlich.

Das einzige, was wir über Tod und Sterben mit Sicherheit sagen können, ist, daß wir Angst davor haben. Aber wovor haben wir Angst? »Vor Nichts«, so hat es der Philosoph Heidegger eindrucksvoll formuliert. Die Vorstellung, einmal nicht mehr und nichts mehr zu sein, ist die wahre Angst. Kein Mensch wird diese Angst jemals los, sie gehört zum Allermenschlichsten. Aber diese Angst vor dem Nichts ist keine Schande, im Gegenteil, sie stellt uns neben Jesus, den wahren Menschen.

Doch wenn Gott etwas ist, dann wird sich alle Sterbensangst als unangebracht erweisen. Dann werden die Leidtragenden recht bekommen, die sagen: Das darf doch nicht wahr sein. Und jeder Sterbende, der das Leben einfach nicht loslassen kann, ist recht beraten.

Wenn Gott etwas ist, dann ist das Sterben kein Sterben mehr. Denn ein Tod, der nicht mehr das Ende des Lebens, sondern nur noch das Ende des trostlosen Sterbens bedeutet, wird zum Gegenteil von dem, was wir befürchtet haben. Diesen Tod kann man wie Matthias Claudius als »Freund Hein« bezeichnen. Dietrich Bonhoeffer sagt zu seinem schrecklichen Sterben: »Dies ist das Ende, für mich der Anfang eines neuen Lebens.« Solch eine Überzeugung macht das Sterben nicht einfacher, und keiner weiß, ob bei ihm diese österliche Gewißheit oder die banale Angst vor dem Nichts zu guter Letzt dominieren wird. Dennoch kann es für das Leben und für das Sterben sehr hilfreich sein, damit rechnen zu können, daß der Tod nicht die Endstation unseres Glückes ist, sondern eben eine der »Stationen auf dem Wege zur Freiheit«: »Komm, o Tod, du höchstes Fest auf dem Wege zur Freiheit« (Bonhoeffer).

Weil Gott das Leben ist, ist das Sterben nicht mehr und nicht weniger als der harte, aber notwendige Abschied von Krankheit, Dummheit, Gewalt und allem menschlichen Elend. Ein Herz mag zu schlagen aufhören, »aber die Liebe höret nimmer auf«, und »Gott ist Liebe«. Deshalb will ich es nicht glauben, daß alle Menschen sterben müssen.

Johannes Seiß
Von der Trauer und vom Vertrauen

Ich muß damals etwa 12 Jahre alt gewesen und meine Trauer muß ziemlich tief gegangen sein, weil ich mich heute noch ganz deutlich daran erinnere. Ich sehe die Jacke meines kleinen Sonntagsanzugs vor mir. Eben habe ich sie über die Stuhllehne in meinem Zimmer gehängt, um schlafen zu gehen. Leer baumeln die Ärmel mit den Ellenbogenfalten, leer und kläglich. Bis zum nächsten Sonntag, an dem ich sie wieder aus dem Schrank holen werde, ist es so weit, die Schulwoche ist so unabsehbar, daß ich überhaupt noch nicht darauf hoffen, daran denken mag. Und ich höre mich sagen: Das also war der Sonntag.

Das also war der Sonntag, auf den hin ich eine lange Woche gelebt hatte. Das sollte er gewesen sein. War er mir, war ich ihm etwas schuldig geblieben? Jedenfalls war nun nichts mehr zu ändern. Es blieb höchstens noch ein kleiner Rest Zeit, um mit dieser Erfahrung zurechtzukommen, um ohne Groll, vielleicht mit einem glücklichen Halbtraum über irgendein schönes Erlebnis, von diesem Sonntag Abschied zu nehmen. Ich erinnere mich, daß ich mich damals auf solche halb gewollten, halb wunderbar geschenkten Träume vor dem Einschlafen gut verstand.

Die andere Technik, das Ende des Tages immer noch ein bißchen hinauszuschieben, um ihm vielleicht doch noch irgend etwas (was eigentlich?) abzugewinnen, entwickelte ich erst später zu einer etwas fragwürdigen Angewohnheit. Je mehr Zeit ich zu gewinnen suche, desto weniger Zeit bleibt meistens, den Schmerz über ein unbefriedigendes Ende hinzunehmen und trotzdem und zugleich einen guten Abschied zu finden. Der nächste Morgen wird auch nicht besser davon. Verlorene Zeit?

Sollte ich damals, mit 12 Jahren, besser gewußt haben, daß wir sterben müssen, als heute, wo meine Kinder schon älter sind, als ich damals war? Dabei war mir der Tod damals doch ein fernes, abstraktes Ding, über das man sich seine Gedanken machen konnte, ohne sich betroffen zu fühlen oder zu fürchten. Das ist er heute nicht mehr, wenn ich Besuche bei Kranken und bei Sterbenden mache. Krankheit, medizinische Diagnosen und Prognosen, Alterserscheinungen anderer Menschen sind auf einmal nahe gerückt, vergleichbar geworden mit meinem eigenen Ergehen und meinen Zukunftsaussichten. Trotzdem fürchte ich, daß ich eher weniger vom Sterben verstehe als damals. Vielleicht, weil es schwerer geworden ist.

Was ich neu lernen möchte: der Trauer standhalten über einen unbefriedigenden Tag, eine schlecht geratene Arbeit, ein unglücklich verlaufenes Gespräch, ein zu spät erkanntes Glück, oder was es sonst an Stückwerk in meinem Leben gibt. Ich möchte frei davon werden, immer wieder daran herumzuzupfen und zu bessern, »nachzutarocken« wie Kartenspieler, die nicht wahrhaben wollen, daß das Spiel gespielt ist. Ich möchte auch nicht mehr so schnell die Trauer mit einem Trost oder guten Vorsätzen abschneiden. Wie oft habe ich nicht schon gemeint, ich müßte jetzt bestimmt klüger geworden sein und wüßte morgen bestimmt, meine kostbare Zeit besser zu nützen. Vielleicht hilft das deswegen so selten, weil es mehr Geduld und Vertrauen braucht, um erst bis auf den Grund der Traurigkeit hinunterzutauchen. Solange immer noch etwas vom alten zu retten zu sein scheint, ist es offenbar schwer, wirklich neue Erfahrungen zu machen. Solange der Schwimmschüler die Füße nicht vom Boden bringt, kann er nicht richtig glauben lernen, daß das Wasser trägt.

Gewiß sollen wir aus unseren Fehlern auch zu lernen versuchen, es in Zukunft besser zu machen. Aber es gibt eben doch noch eine andere, tiefere Erfahrung mit der Schuld: Es ist gar nicht mehr so wichtig, ob *ich* alles richtig mache; es kommt jetzt nur noch darauf an, ob das geschieht, was gebraucht wird, was hilft und heilt. Das nennen wir ja wohl »Leben aus der Vergebung«.

Gewiß sind wir froh über jede Linderung eines Schmerzes. Aber es gibt doch auch die andere Erfahrung, daß wir auf einmal mit diesem Schmerz leben können, daß der Kranke fröhlicher sein kann als viele Gesunde, daß er schließlich sogar weniger Angst um sich selbst hat.

Es ist wohl nur natürlich, daß wir Angst haben, etwas aus der Hand zu geben, womit wir uns auskennen, und uns unbekannten neuen Erfahrungen und Möglichkeiten des Lebens zu überlassen; Angst vor allem vor dem letzten Schritt, bei dem, soweit wir sehen können, nichts von dem, was uns vertraut war, uns über die Schwelle hinüberbegleitet. Aber ich glaube, daß es sich lohnt, sich der Trauer immer wieder zu stellen und sich dem Vertrauen auf das Neue zu überlassen. Auch in der Tiefe unserer Traurigkeit wartet Gott.

Es fällt mir nach über zwanzig Berufsjahren als Pfarrer immer noch schwer, Trauernde oder Sterbende zu besuchen und mit ihnen zu sprechen. Aber gerade aufgrund solcher Gespräche glaube ich, daß Trauer und Vertrauen sich lohnen. Zuerst sieht es ja meist so aus, als könne man über alles reden, nur nicht über das, was beide Partner am meisten bewegt. Was kann man schon reden über etwas, was nur noch zu erleiden ist, wobei man nichts mehr tun kann. Nicht nur die Kranken, oft noch mehr wir Gesunden wehren uns gegen diese Hilflosigkeit, so daß einer sich gar nicht mehr traut, seine Angst, seinen Zorn, seine Trauer auszusprechen.

Sehr oft habe ich das Gefühl, daß die Menschen, die ich besuche, schon viel weiter sind als ich selbst mit der Arbeit der Trauer und dem Mut zum Vertrauen. Sie haben Vorübungen absolviert und sind Wege gegangen, die ich erst angefangen habe. Das tröstet mich, und ich verstehe wieder die Bitte um Bewahrung »vor bösem, schnellem Tod« aus alten Gesangbuchversen. Nirgends erscheint mir die Redewendung von den »Führungen Gottes« so

angemessen wie hier. Manchmal kommen diese Führungen Gottes, diese Führungen durch Trauer zum Vertrauen, zum Ausdruck.
Ich war noch nicht lange Pfarrer, als mich eine Bäuerin zu ihrer Mutter rief, weil die nichts davon wissen wolle, daß sie sterben müsse. Ich saß lange am Bett dieser Frau. Die Kammerfenster waren offen, man hörte die Geräusche auf einem Bauernhof in der Erntezeit. Ein Fuhrwerk fährt vom Hof, dann wieder Stille, ein Huhn hört man im Stall, junge Gänse am Bach. Vor den Fenstern hängen reifende Birnen an den Ästen der Spalierbäume.
Sollten wir wirklich von der Prognose des Arztes miteinander reden? Was man da hörte und sah, das war ihr Leben und war doch schon jetzt nicht mehr ihr Leben. Das war Glück, Schufterei, Kummer gewesen, und nun ging es einfach weiter ohne sie. Davon sprachen wir. Wir sprachen auch von früheren Ernten. Von der Erfahrung, daß man nie genug getan habe auf einem Bauernhof und daß es eben doch immer wieder Ernten gegeben habe. Jesu Gleichnis von der selbstwachsenden Saat, an der der Bauer nichts mehr tun kann, die er sich selbst überlassen muß und die doch reift, war ihr bekannt und einleuchtend. Sie wartete auf die Ernte ihres Lebens. Wir lasen dann aus ihrem Gesangbuch: »Herzlich tut mich erfreuen die liebe Sommerzeit, wann Gott wird schön verneuen alles zur Ewigkeit ...«. An den nächsten Tagen mußte ich wieder aus diesem Lied vorlesen. Ich glaube, sie traute Gott zu, daß er trotz allem, was sie unglücklich machte, ihr ihre Ernte schenken würde. Lange brauchte sie nicht mehr darauf zu warten.
Ich empfinde, was ich in dieser Bauernkammer erlebt habe, als eine Ermutigung und Verheißung für mich selbst. Auch das Wort einer total abgearbeiteten alten Arbeitersfrau: »Wissen Sie, ich habe neun Kinder auf die Welt gebracht. Ich glaube, so ähnlich wird es zuletzt auch sein.« Sie wußte nicht, daß ein ganz ähnliches Wort in den Abschiedsreden Jesu steht. Aber sie hatte offenbar auch so gelernt, daß Gott durch letzte Traurigkeit und Angst zu einem Vertrauen führt, das sich seiner Antwort auf unser Leben überlassen kann.
Selten können Menschen ihre Trauer und ihr Vertrauen so ausdrücken, daß man sehen kann, wie beides gleichsam aus ihrem Leben herausgewachsen ist und sich nun erfüllt. Oft läßt es sich nur ahnen. Aber es lohnt sich, daran teilzunehmen und zu helfen, es auszusprechen. Ich weiß nicht, was es ihnen hilft, aber ich glaube, daß es sich für mich lohnt und mich ermutigt, beides heute abend und morgen und immer wieder zu üben.
Wenn wir am Sonntag im Glaubensbekenntnis von der Auferstehung der Toten sprechen, denke ich nicht an Metaphysik, nicht daran, ob es doch irgendwie und irgendwo noch weitergeht. Dann denke ich an die Trauer um das Verlorene oder Vergangene, auf deren Grund ein neues, unbegreifliches Vertrauen wartet. Ich will es kennenlernen, solange noch Zeit ist, zum Beispiel heute abend.

Laß uns einschlafen mit guten Gedanken
fröhlich aufwachen und von dir nicht wanken.
Laß uns mit Züchten unser Tun und Dichten
zu deim Preis richten! *(Petrus Herbert, 1566)*

Horst Bannach
Scheiternde Lebende

Wir erfahren den Tod von alten Menschen – meist auch sie selbst – als eine Art Erlösung. Aber wenn man genau zusieht, handelt es sich um eine Erlösung von den Beschwerlichkeiten des Altwerdens. Es gibt beschämende Beispiele dafür, daß alte Menschen das Sterben-Müssen längst einbezogen haben in ihr Leben. Nichts erschüttert uns mehr als der Friede, in dem ein alter Mensch sterben kann. Aber in der Regel ist die Erlösung der sterbenden Alten eine Erlösung von uns, den Lebenden. Wir haben ihnen das Gefühl nicht geben können, daß sie leben. Wir haben ihnen das Gefühl gegeben, daß sie in einer Gesellschaft, in der bloß Jugend zählt, letztlich im Weg sind. Erlösung heißt hier nichts anderes als Erleichterung auf beiden Seiten. Sie sind auf die Seite des Todes gestellt, noch bevor der Tod wirklich gekommen ist. Das gilt aber nicht nur für alte Menschen, die krank oder siech geworden und auf die Hilfe der Gesunden, Vitalen angewiesen sind. Die Erfahrung des vorlaufenden Todes macht jeder, in dessen Leben sich das Gefühl der Nutzlosigkeit, der Überflüssigkeit ausbreitet. »Das Leben geht an mir vorüber«: was immer der, der so etwas sagt, unter Leben verstehen mag, er empfindet offenbar die Anwesenheit des Todes mitten im Leben. Daß auch junge Menschen von diesem Gefühl befallen werden können, wissen wir alle.

Aber es gibt ja auch den Fall, daß jemand stirbt, den wir lieb haben, der zu unserem Leben gehörte. Auch Menschen, die zusammengewachsen waren, die unzertrennlich schienen, werden getrennt. Dann macht der, der zurückbleibt, für sich selbst die Erfahrung des vorlaufenden Todes. Gewiß, alle die um ihn herum sind, werden helfen und hoffentlich auch dazu helfen, daß er drüber wegkommt, daß er es verwindet, daß er den Anschluß an das Leben wieder gewinnt. In vielen Fällen gelingt das auch. Aber selbst da, wo es gelingt, bleibt eine Leerstelle, die nicht wieder aufgefüllt werden kann. Das Leben ist nicht mehr das, was es war. Der Tod hat sich nicht nur bei dem Gestorbenen, sondern auch bei dem noch Lebenden bemerkbar gemacht. Die Erfahrung des vorlaufenden Todes macht schließlich auch jeder, der mitten in rastloser Tätigkeit, in der Blüte seiner Schaffenskraft – wie man so schön sagt – durch irgendein Ereignis aufgestört, plötzlich innehalten muß und sich zu der Frage an sich selbst genötigt sieht – woher sie so plötzlich kommt, weiß kein Mensch: Was ist das eigentlich wert, was ich hier tue? Ich schufte und rackere mich ab, aber wozu? Ich bin unablässig tätig, vom frühen Morgen bis in die späte Nacht. Aber ich komme nicht zu mir selbst. Doch – wie kommt man zu sich selbst? Ich denke, jeden überfällt einmal die Frage nach dem Sinn alles dessen, was er tut. Ihn überkommt die Ahnung, daß Rastlosigkeit, Fleiß, Eifer, Erfolg – und Leben zwei verschiedene Dinge sein könnten. Und ich meine, daß überall da, wo die Frage nach dem Sinn des Lebens auftaucht, die Erfahrung des Todes gemacht wird. Diese Erfahrung verschärft sich, wenn wir zwischendurch versuchen, eine Art Bilanz zu ziehen und nach dem Wert unsres Lebenswerkes zu fragen. Man braucht ja nicht gleich so weit zu gehen und zu fragen, was es vor Gott wert sein könnte. Es genügt schon zu fragen, ob wir selbst mit dem zufrieden sind, was wir da so vollbracht haben. Es gibt natürlich Menschen, die bis zu ihrem Lebensende mit sich selbst zufrieden sind. Aber bei den meisten melden sich die Zweifel. Der Versuch, aus unserem Leben etwas Ganzes, Rundes, Volles zu machen, erweist sich fast immer als mißlungen. Was wir hinterlassen, sind Bruchstücke. Der sogenannte Lebenserfolg rinnt uns wie Sand durch die Finger. Die Großen der Geschichte sind nur extreme Beispiele. Wenn sie Glück, Kraft und Klugheit hatten, haben sie die Welt verändert. Haben sie sie auch verbessert? Was war das wert, was sie getan haben? Waren es wirklich Erfolge, oder war es bloß Sand, der durch die Finger rinnt? Aber diese Erwägung betrifft nicht bloß die Großen, sondern auch die Kleinsten und Einfachsten. Wir alle machen die Erfahrung, daß über unserm Leben das schwere Wort »Vergeblich« stehen kann. Wir haben uns abgemüht. Aber was wir zustande gebracht haben, war nicht das eigentliche Leben. Es bleibt eine Differenz, die nicht zu beseitigen ist. Eben das ist die Erfahrung des Todes mitten in unserm Leben.

Besonders hart scheint mir die Beobachtung zu sein, daß der Mensch dem Menschen das Leben unmöglich macht. Ich denke noch nicht einmal in erster Linie an Mord und absichtliche Tötung, obwohl auch dieser Tatbestand aus unseren Erwägungen nicht ausscheiden sollte. Es gibt in der Geschichte der Völker Massenmorde, die plausibel gemacht, mit einer höheren Idee gerechtfertigt und schließlich gefeiert wurden. Aber das betrifft eben nicht nur die hohe Politik, sondern auch den einzelnen in seinem höchst privaten Leben. Es beginnt immer mit einer kleinen schrillen Sekunde, in der das Unheil seinen Ausgang nimmt. Es muß nicht immer gleich Tötung, noch nicht einmal immer gleich Haß oder Rache sein. Es gibt viel feinere Methoden, einem Menschen das Leben unmöglich zu machen. Man braucht ihm bloß Freundlichkeit, Liebe, Anrede, Kommunikation zu entziehen, und schon befindet er sich in einer Wüste, in der es kein Wasser mehr gibt. Und an dieser Stelle kann man am deutlichsten sehen, wie dicht unser Leben mit dem Tode verflochten ist. Denn dafür, daß wir andern Menschen das Leben unmöglich machen, kann man natürlich jede Menge positiver Vokabeln finden. Das kann in Wahrnehmung berechtigter Interessen, aus reinem Selbsterhaltungstrieb oder schlicht aus Unvermögen geschehen. Daß heute junge Menschen mit solcher Wucht die Frage nach dem Sinn stellen, ist ja

wohl weitgehend die Folge unsres Unvermögens. Wir können alle miteinander, scheint es, dem Leben nicht zum Leben verhelfen. Der Tod ist mitten unter uns.
Das Lied vom Tod hat viele Melodien. Man kann natürlich den Versuch machen, die schrille kleine Sekunde durch eine schöne, süße Melodie zu ersetzen. Aber das wird uns nicht viel helfen. Wir machen alle die Erfahrung des Todes, und wir können ihr nicht ausweichen. Es scheint, daß sich uns das Fenster mit dem Ausblick auf das wirkliche Leben erst öffnen wird, wenn wir den Versuch aufgeben, vor dem Tod zu fliehen.
Brahms hat gewußt, was er tat, als er in sein Requiem die Bibelstelle »Denn alles Fleisch, es ist wie Gras« aufnahm. Man kann diese Einsicht eben nicht umgehen, man kann sie auch nicht verbrämen oder beschönigen. Für das Leben, das wir zu führen haben, hilft Drückebergerei am wenigsten. Aber Brahms hat auch gewußt, daß die Todverfallenheit unsres Lebens nicht das einzige, vor allem nicht das letzte Wort ist, das über unser Leben zu sagen ist. An dieser Stelle wird mir die Bedeutung des Todes und der Auferstehung Jesu deutlich. Und ich kann auch begreifen, warum in der urchristlichen Tradition die Passionsgeschichte und der anschließende Auferstehungsbericht eine so überragende Bedeutung gewonnen haben. Die Nachricht, die wir hier empfangen, lautet doch einfach, daß Gott selbst uns aus dem Tode abholt, daß er uns durch die Auferstehung Jesu die Antwort auf die Frage nach dem Sinn gibt. Gott ist selbst dagegen, daß wir den Tod übersehen, verdrängen, verschönen. Denn am Sterben Jesu gibt es nichts zu polieren. Es war so hart und so schrecklich, wie es unsereinen nur treffen kann. Es war das unverwischbare Dokument für die Tatsache, daß der Mensch dem Menschen das Leben unmöglich macht, mit guten Gründen, mit bestem Gewissen, mit – wenn es sein muß, theologischen Argumenten. Das ist genau das, was wir heute überall erfahren können. Aber Gottes Antwort lautet »Auferstehung«.
Und nun müßte man klarmachen können, daß nicht nur die Kraft des Todes, sondern auch die Kraft der Auferstehung Jesu in unserm Leben gegenwärtig ist. Um das zu zeigen, muß ich zunächst eine Vorbemerkung machen. Ich sehe nicht, welche andre philosophische oder ideologische Antwort man auf unsre Erfahrung geben kann, daß der Tod mitten in unserm Leben steht. Die bloße Verdrängung schätze ich nicht. Ich halte es für redlicher, wenn man lebt und das Sterben im Blick hat. Die Beschönigungen und Heroisierungen des Todes schätze ich auch nicht. Der aufrechte Gang in den Tod hinein mag respektabel sein, aber er löst unser Dilemma nicht: daß nämlich der Tod schon lange zur Debatte steht, bevor er gekommen ist. Was bleibt also? Ich sehe nichts. Ich sehe nur die christliche Antwort. Infolgedessen bemühe ich mich um den Nachweis, daß nicht nur der Tod, sondern auch die Auferstehung Jesu in unserm Leben präsent ist. Dafür nur ein einziges Beispiel.
Es stimmt doch nicht, daß der Mensch dem Menschen das Leben nur unmöglich macht. Es gibt Gegenbeispiele in Hülle und Fülle. Richtig ist, daß wir beim Menschen in der Regel mit Selbstsucht, mit Durchsetzung und Rücksichtslosigkeit rechnen müssen. Richtig ist auch, daß wir häufig beim Menschen mit Resignation und Verzweiflung rechnen müssen. Aber es gibt

Liebe und es gibt Hoffnung. Woher kommt das? Liebe ist nicht einfach Veranlagung oder Vitalkraft. Hoffnung ist nicht einfach Utopie, daß der Mensch aus eigner Kraft seine Bestimmung erreichen wird. Ich sehe nicht, mit Hilfe welchen geistigen oder biologischen Mittels der Mensch sich selbst aus seinem Todesschicksal herauswinden könnte. Ich sehe bei den Dokumentationen von Liebe und Hoffnung in unsrer Zeit ausschließlich die Kraft des Todes und der Auferstehung wirksam, nichts anderes. Gott holt uns gleichsam selbst ab. Das Leben, das uns immer unter den Händen zerbricht, gibt er uns neu und unversehrt zurück. Wir sind nicht nur die Scheiternden, wir sind auch die Lebenden.

Marie Veit
Gebet

Herr, wir alle wissen, daß Kreuz und Tod Jesu im Mittelpunkt unserer Religion stehen,
aber nicht als Symbol der Vergänglichkeit, sondern als Zeichen unbeirrbarer Liebe.
Wir alle haben gehört, daß du am Menschen festhältst, ohne danach zu fragen, welchen Nutzen er bringt. Wir haben gelernt, daß du den Sünder lieb hast, nicht weil er Sünder, sondern weil er *Mensch* ist. Wir haben davon reden hören, daß dir der Mensch und seine Befreiung *alles* wert ist.
Es fällt uns sehr schwer, dies zu glauben. Und dann fällt es uns schwer, auf eine Stunde zuzugehen, in der wir nur mehr Mensch, sterbender Mensch sein werden, und nichts sonst.
Wir verachten uns selbst, wenn wir nicht funktionieren. Wir stellen uns *selbst* zurück und unsere Leistung nach vorn. Und wir lassen es zu, daß auch an andern so gehandelt wird.
Laß uns dieser unmenschlichen Welt widersprechen. Laß uns in ihre Räder greifen, wo immer wir können, um Raum zu schaffen für Menschlichkeit. Du hast sie gewollt.
Laß uns wagen zu glauben, daß wir dir lieb sein werden in der Stunde unseres Todes – auch wenn wir nur *uns selbst* mitbringen und nichts sonst.

Ruth Dirx
»Eine Speise für die Würmer«

Schon als Kind habe ich oft versucht, mir vorzustellen: Wie ist das, wenn man stirbt. Auch später beschäftigte mich hin und wieder diese Frage. Aber – soviel ich auch darüber nachdenke, ich kann mir meinen eigenen Tod einfach nicht vorstellen. Ich begreife ihn nicht, nicht so, wie man auf dieser Welt andere Dinge begreift. Man bleibt wohl, was den eigenen Tod betrifft, ein Analphabet. Sterben kann man nicht lernen, denn man stirbt nur einmal.

Aber um uns herum wird gestorben, und vielleicht kann man aus dem Tod der anderen etwas herauslesen, das einem weiterhilft.

Ich vergesse nicht die Bemerkung einer Gemeindeschwester, die nicht recht verstehen konnte, was sie immer wieder erlebte, »daß die frommen Leute oft so schwer sterben«, wie sie sagte. Mich wunderte das ebenfalls. Ich hätte eigentlich erwartet, daß die frommen Leute etwas leichteren Fußes über diese Brücke gehen.

Ich konnte der Schwester aber auch ein Gegenbeispiel nennen: meinen Onkel Karl – ein frommer Mann –, der mit 50 Jahren an Krebs starb. Er wußte ein halbes Jahr vorher, daß er sterben würde, und er hinterließ acht Kinder, das älteste war gerade 14. Aber da die Sache nun einmal nicht zu ändern war, nahm er den Tod an, und er benutzte die letzten Monate, um seine Familienangelegenheiten, so gut es eben ging, zu regeln. Einschließlich der eigenen Beerdigung besprach er alles mit seinen Angehörigen und seinen Freunden. Wer ihn besuchte, der ging, reich beschenkt durch ein Gespräch, das ihm viel gegeben hatte, nach Hause. Onkel Karl war immer ein ausgesprochen fröhlicher Mensch gewesen. Wenn wir uns heute an ihn erinnern, wird viel gelacht. Er war mit sich und der Welt im reinen. Und ein anderer unlängst Verstorbener fällt mir ein, Herr D., kein frommer Mann. An Gott glaubte er nicht. Schon sein Vater war Atheist. Aber dieser Vater, so erzählte er einmal: »Hat uns Kinder immer angehalten, jeden Abend vorm Einschlafen darüber nachzudenken: Was habe ich heute richtig, was habe ich falsch gemacht, und wenn ich etwas falsch gemacht habe, wie kann ich es wiedergutmachen?« Herr D. war ein erfolgreicher Fabrikant. Er stand mit beiden Beinen im Leben. Als er plötzlich starb, fiel mir ein, daß er mehr als einmal zu mir sagte: »Ich denke oft an den Tod.« Er hatte keine Angst vorm Sterben. Er sagte ganz ruhig: »Ich bin bereit, wenn es soweit ist, abzutreten.«

Wenn ich die Leute an mir vorbeiziehen lasse, die ihren Tod angenommen haben, die nicht schwer gestorben sind, dann fällt mir auf, daß es Leute waren, die ja zum Leben gesagt haben. Einige von ihnen haben auch äußeren Erfolg gehabt, die anderen waren ganz einfach glücklich oder zufrieden, und sie haben mit ihrer inneren Zufriedenheit auch ihre Mitmenschen glücklich gemacht.

Wer von seinen Mitmenschen geliebt, geachtet wird, der weiß, wozu er lebt, er hat das, was man ein erfülltes Leben nennt. Albert Einstein drückt es noch etwas deutlicher aus. Er war – noch im mittleren Alter – einmal todkrank, und als jemand von ihm wissen wollte, ob er in dieser Zeit den Tod gefürchtet hätte, verneinte er diese Frage und sagte: »Ich fühle mich so solidarisch mit allen Lebenden, daß es mir einerlei ist, wann der einzelne anfängt und aufhört.«

Wer sich so eins fühlt mit den Menschen, mit der Welt, der kann die Welt leichteren Herzens verlassen. Er weiß und akzeptiert, daß sein Körper vergeht, denn er weiß, daß sein Denken und Tun in anderen Menschen weiterlebt, ganz gleich, ob er dabei als Gebender oder als Nehmender auftritt. Jeder von uns ist auf einigen Gebieten ein Gebender und auf anderen Gebieten ein Nehmender.

Goethe war so einsichtig und so aufrichtig, von seinem Werk zu sagen: »Was hatte ich, wenn wir ehrlich sein wollen, was eigentlich mein war, als Fähigkeit und Neigung zu sehen und zu hören und mit einiger Geschicklichkeit wiederzugeben. Ich verdanke meine Werke Tausenden von Dingen und Personen außer mir. Es kamen Narren und Weise, helle Köpfe und bornierte, Kinder und Jugendliche und das reifere Alter: Alle sagten mir, wie es ihnen zu Sinn sei, und ich hatte weiter nichts zu tun, als zu greifen und zu ernten. – Mein Werk ist das eines Kollektivwesens und trägt den Namen Goethe.«

Vielleicht wollte Benjamin Franklin die Gedanken seiner Freunde in eine ähnliche Richtung lenken, als er in seinem Testament die Inschrift für seinen Grabstein formulierte: »Hier liegt der Leib Benjamin Franklins, eines Buchdruckers (gleich dem Deckel eines alten Buches, aus welchem der Inhalt herausgenommen und der seiner Inschrift und Vergoldung beraubt ist), eine Speise für die Würmer; doch wird das Werk selbst nicht verloren sein, sondern (wie er glaubt) dermaleinst erscheinen in einer neuen schöneren Ausgabe, durchgesehen und verbessert von dem Verfasser.« So gesehen, kann man das Sterben vielleicht doch lernen – indem man leben lernt.

Hadayatullah Hübsch
»stirb bevor du stirbst«

(»Ihr werdet gewißlich auferweckt werden nach dem Tode« – Qur-ân 11:8)

(»Wahrlich, Wir Selbst geben Leben und schicken Tod; und Wir allein sind die Erben« Qur-ân 15:24)

»sterbet, sterbet,
damit ihr leben erbet«
nur wer im tod sich findet,
den tod auch überwindet.
»sterbet, sterbet,
damit ihr leben erbet«

»sterbet, sterbet,
damit ihr leben erbet«
nur wer im leben stirbt,
das leben sich erwirbt.
»sterbet, sterbet,
damit ihr leben erbet«

»sterbet, sterbet,
damit ihr leben erbet«
nur wenn ich sterbend lebe,
dem tod ich leben gebe,
»sterbet, sterbet,
damit ihr leben erbet«

»sterbet, sterbet,
damit ihr leben erbet«
wer stirbt und vergibt,
der lebt und liebt.
»sterbet, sterbet,
damit ihr leben erbet«

»sterbet, sterbet,
damit ihr leben erbet«
Allah ist es, Der lebt,
wer stirbt, nach leben strebt.
»sterbet, sterbet,
damit ihr leben erbet«

»sterbet, sterbet,
damit ihr leben erbet«
Allah, Der leben schenkt,
ist Herr, Der tode lenkt.
»sterbet, sterbet,
damit ihr leben erbet«

»sterbet, sterbet,
damit ihr leben erbet«
Allah, Der Herr der zeiten,
ist Herr in ewigkeiten.
»sterbet, sterbet,
damit ihr leben erbet«

Paul Schulz
Der Tod ist etwas ganz Natürliches

Im Alten Testament gibt es den Glauben an ein Leben nach dem Tod nicht. Weder Abraham noch Mose noch Jesaia noch irgendeiner der großen Gottesmänner der altisraelitischen Religion hat an Gott geglaubt in der Hoffnung, nach dem Tod weiterzuleben. Im Alten Testament versteht sich der Gläubige ohne Erwartung eines Jenseits, ohne Hoffnung auf Auferstehung, ohne Anteilhabe an der Ewigkeit Gottes.

Positiv ausgedrückt: Es gibt einen biblischen Glauben an Gott, der voll und ganz im Diesseits bleibt. Gott schenkt Leben – hier! Gott hat den Menschen geschaffen – allein für diese Welt! Keine Diesseits-Flucht! Deshalb muß der alttestamentliche Mensch allein in diesem Leben mit sich fertig werden. Er weiß: Mein Leben ist absolut begrenzt. Mein Tod ist von Gott gesetztes unwiderrufliches Ende.

Der Mensch heute hält sich auf seinen Tod hin so nicht durch. Eine Fülle von Selbsttäuschungen kennzeichnet seine Flucht vor der Realität. Er will unter allen Umständen raus! So gerät er in den Verlust seiner Identität, indem er in seinem Selbstverständnis uneins ist mit den vorfindlichen Tatsachen.

Der stärkste Grad der Entfremdung ist die religiöse Selbsttäuschung. Viele jenseitsgeschulte Menschen sublimieren alle Unannehmlichkeiten dieser Wirklichkeit hier durch gesteigerte Hoffnung auf die ganz andere Wirklichkeit dort. Sie projektieren ihre ureigensten Wünsche in ein anderes Sein, wo sie eben all das erwarten, was sie hier nicht haben. Jenseits als Ersatz für Diesseits. Leben nach dem Tod als Entschädigung für Leben vor dem Tod. Sie stehen ständig in Gefahr, hier zu leben, als lebten sie hier gar nicht; hier zu sterben, als stürben sie hier gar nicht. Als seien sie hier nur Fremde.

Gibt es eine Aufhebung der Entfremdung? Nun! Der politische Materialismus sieht die Aufhebung der Entfremdung in der Veränderung der Gesellschaft. Die Gesellschaft muß so gestaltet werden, daß es nicht mehr nötig ist, in eine andere Wirklichkeit zu entfliehen. Es müssen solche Lebensbedingungen geschaffen werden, daß der Mensch mit seinem Sterben als natürliche Realität fertig werden kann. Allzumal religiöse Flucht aus der Rea-

lität wäre demnach in Zukunft zu überwinden durch volle Zuwendung in die Diesseitigkeit.
Also Veränderung der Gesellschaft. Aber auch das ergibt keine Selbstfindung des einzelnen Menschen. Natürlich kann es trösten und zugleich zum Handeln motivieren, daß es den Kindern einmal besser gehen soll als den Eltern. Doch der Mensch heute und hier kommt durch eine Gesellschaftsvision nicht besser mit sich selbst zurecht. Im Gegenteil. Eine bessere Zukunft der anderen kann ihn in seinem eigenen Schicksal durchaus verstärkt in Verzweiflung treiben. Letztlich täuscht die Vision einer neuen Gesellschaft in der Zukunft nicht anders als die Vision eines Reiches Gottes im Himmel, nur daß sozusagen das himmlische Reich aus der Vertikalen der göttlichen Höhe umgelegt ist in die Horizontale der politischen Zukunft.
In seiner Gegenwart bleibt der Mensch dessen ungeachtet voll im Konfliktfeld verankert. Versagen, Defizite jeder Art, Bedrohungen, Verzicht, Zwänge, Unfähigkeiten – Realität bedeutet, in diesen Bezügen leben zu müssen. Existentialisten – Männer wie Jean-Paul Sartre und Albert Camus – haben daraus die schärfste Konsequenz gezogen: Nur durch Selbstmord setzt sich der Mensch frei. Selbstmord löst den Menschen aus allen Unterdrückungen, aus allen Herrschaftszwängen. Der andere, die anderen, das andere verliert über das Ich seine Gewalt, wenn sich das Ich in einer befreienden Tat selber erlöst. Selbstmord als höchste Stufe der Ich-Verwirklichung.
Wo immer das Problem Tod thematisiert wird, sind große Ideen im Spiel. Alle Theorien wollen immer das Ganze, das Totale. Sie fangen dabei in ihren Antworten ganz groß an, und dann leiten sie von oben herunter ab. Wir müßten eigentlich von klein an aufbauen. Wir müßten zunächst einfach nur einmal das sagen, was wir selber an uns erkennen und beobachten können, wobei wir uns durchaus bewußt sind, daß das wohl nicht alles ist. Es könnte aber hilfreicher sein, kleine Einsichten auszutauschen, die wir gegenseitig nachvollziehen können, als immense Theorien, mit denen wir uns gegenseitig versperrt bleiben. Versuchen wir so drei Aussagen – eben nicht als Endpunkte, sondern als Ausgangspunkte:
1. Der Tod ist etwas ganz Natürliches. Er begrenzt, wie jede andere Grenze. Er schließt ab, wie jedes andere Ende. Als Faktum hat er seine Bedingungen, wie jedes andere Faktum – physikalische Bedingungen, soziale Bedingungen. Darin liegen kalkulierbare Möglichkeiten und Unmöglichkeiten im Rahmen immanenter Gesetzmäßigkeiten. So vollzieht sich im Sterben des Menschen nichts anderes als im ständigen Auflösungsprozeß aller natürlichen Phänomene.
2. Das Leben liegt vor dem Tod. Es ist eine individuelle Erscheinung innerhalb genereller Prozesse. Es hat seine ganz festen Bedingungen – physikalische Bedingungen, chemische Bedingungen, biochemische Bedingungen, soziale Bedingungen. Diese Bedingungen öffnen die Weite des Lebens. Im Menschen ist eine – für uns vergleichbar – große Lebensweite vorgegeben, die Zeit zwischen Geburt und Tod.
3. Allein Leben vor dem Tod ermöglicht Lebensqualität. Sie hängt ab von

der Entfaltung ganz bestimmter menschlicher Fähigkeiten. Sie kann folglich verschiedene Formen haben: Verelendete, blühende, bewußtgemachte, unterdrückte, kommunizierende, verneinende. Eine ihrer wesentlichen Voraussetzungen liegt im Mit-Mensch-Sein. Denn Trost ist nur da, wo einer den anderen tröstet. Hilfe ist nur da, wo einer dem anderen hilft; Liebe ist nur da, wo einer den anderen liebt.
Das sind drei Basiswerte. Wer kann mehr sagen? Nein! Ich frage bewußt nicht: Wer kann am besten altgelernte Katechismussätze aufsagen? Ich meine: Wer kann etwas von seinem Leben erfahrbar machen, das den Menschen sich selbst erkennen läßt? Wir müssen uns intensiver bemühen, uns persönlich deutlicher zu erkennen. Denn nur, wenn wir uns selbst deutlicher kennen, können wir bewußter leben, werden wir lernen, auch bewußter zu sterben.

Theo Krummenacher-Zulauf
Wirken, solange es Tag ist

Du lässest die Menschen zum Staub zurückkehren und sprichst zu ihnen: Kehret zurück, ihr Menschenkinder! (Psalm 90,3)

Alle Menschen sterben – früher oder später. Wir sind geworden durch das Zusammenschmelzen von zwei Urzellen, die in sich die Geheimnisse der jahrmillionenalten Geschichte des Lebens tragen. Und einmal zerfallen wir wieder und gehen ein in den Bereich des Geistes und bleiben in alle Ewigkeit Vergangenheit.
Der Mann, der den 90. Psalm gedichtet hat, war stark beeindruckt von der Tatsache, daß der Mensch sterben muß. Für ihn war der Tod nicht eine selbstverständliche Tatsache der Natur. Es war für ihn etwas Skandalöses, Empörendes, etwas, das nicht sein sollte. Wie die ersten Geschichten in der Bibel versuchte er sich den Tod zu erklären mit der Boshaftigkeit des Menschen: Der Tod ist der Lohn für die Sünde. Gott ist zornig über den Menschen, weil er anders ist, als er es gerne gehabt hätte. Der Tod ist eine Reaktion des enttäuschten Gottes.
Ich glaube nicht, daß wir solche Vorstellungen teilen müssen. Sterben ist ein Gesetz der Natur. Altes Leben muß neuem Leben Platz machen. Aber wir haben vom alten Psalmendichter vielleicht doch etwas zu lernen: daß wir unsere Vergänglichkeit nicht vergessen, daß wir nicht tun, als ob wir ewig lebten, und daß wir die Zeit, die wir haben, die ungewisse Zeit, gut ausnützen, daß wir uns selber freuen an diesem Leben und daß wir dienen, daß wir das Beste daraus machen, Leben fördern und schützen, einander helfen zu leben, einander befreien von Angst, befreien von Bedrohung.
Mit dem, was wir sind in unserem Leben, prägen, beeinflussen wir die Zukunft. Auch wenn wir nicht mehr sind, wirkt das weiter, was wir getan haben. Man gibt das Wesentliche von sich selber weiter biologisch und geistig an die Kinder und durch das Zusammenleben mit andern ganz bestimmte Verhaltensweisen. Jedes Kind empfängt von den Eltern unvertilgbare Merkmale, die es weiter überliefert. Die Arbeit, die die Eisenbahner auf der Strecke tun, kann schicksalbestimmend sein für unzählige Menschen

bis tief in die Zukunft hinein. Wir weben alle am Netz der Zukunft. In dieser Zukunft leben wir weiter nach dem Maß und Werk dessen, was wir getan haben und gewesen sind, solange wir lebten.
Das ist nicht nur bei großen geistigen Persönlichkeiten der Fall, bei Religionsstiftern, Propheten, Philosophen, Dichtern, Wissenschaftlern, Gesetzgebern, Künstlern, das ist der Fall auch bei uns kleinen Menschen. Jeder beeinflußt mehr oder weniger seine Umwelt und Nachwelt.
»Wirket solange es Tag ist, es kommt die Nacht, da niemand wirken kann.« Jesus war der Meinung, daß wir da sind, das Gute zu wirken, einander zu lieben, gerechte Verhältnisse zu schaffen, damit alle glücklich werden können.

Herr, Dein Wille geschehe (Matthäus 6,10)

»Herr, Dein Wille geschehe!« Was will Gott? Ich glaube nicht, daß Gott frühen Tod will. Ich glaube nicht, daß er jedem Tag und Stunde bestimmt. Nach der Bibel ist uns vielmehr verheißen zu leben, solange, bis unsere Lebenskräfte am Ende sind. Gott will nicht, daß Menschen in den Gaskammern sterben oder in einem Flugzeugunglück oder im Krieg oder in einer Seuche oder vergiftet von der verschmutzten Luft. All dieses Sterben ist nicht von Gott gewollt, sondern irgendwie von uns Menschen verschuldet. Unser Leben ist so delikat. Es braucht so wenig, daß wir es verlieren oder schädigen. Bruchteile von Sekunden können darüber entscheiden. Ein kleiner Moment Unaufmerksamkeit genügt, um es in höchste Gefahr zu bringen.
Gottes Wille ist, daß wir Sorge haben zueinander und zu uns selber, daß wir das Leben schützen, fördern, pflegen. Gottes Wille ist, daß wir Werke der Liebe tun, daß wir einander helfen, daß der Starke dem Schwachen hilft, der Gesunde dem Kranken, der Erfahrene dem Unerfahrenen, daß wir einander helfen zu leben, in allen Bereichen des Lebens.

Des Menschen Tage sind wie das Gras ... (Psalm 103, 15 ff.)

Es ist wunderbar, wie jetzt alles wieder sprießt und wächst. Die Blumen entfalten ihre schönste Pracht. Die Bäume blühen, die Wälder und Matten werden grün. Vor einem Monat war noch alles grau und braun, wenn nicht der Schnee noch das Land bedeckte. Und in ein paar Monaten wird alles wieder vorbei sein. Überall ist ein ständiges Blühen und Verwelken, ein Aufleben zu einem Höhepunkt und ein langsames Abklingen bis zum Nichtmehrsein, zum Tod. Für die einen geht es schnell, für die andern langsamer. Für die Blumen sind es ein paar Monate (oder Wochen), für die Menschen sind es ein paar Jahrzehnte. Wir Menschen werden wohl älter als die Blumen, aber das Gesetz des Werdens und Vergehens gilt für uns wie für die kurzlebigen Aprilglocken wie für die langlebigen Eichen.
Wir kommen nicht um dieses Sterben, um dieses Vergehen herum. Wir müssen unser Werk tun, unseren Beitrag leisten zur Erhaltung des Lebens auf Erden. Meine Tochter vor dem Ameisenhaufen: »Wozu diese unerhörte Geschäftigkeit? Was ist der Sinn davon?« Leben erhalten, das Leben der Art.

Für Nahrung sorgen, vor Gefahren und Feinden schützen. Die Fortpflanzung ermöglichen. Der Sinn des Daseins aller Kreatur ist das Leben erhalten, es erleichtern, schöner machen. Das gilt auch für den Menschen: Er darf leben, im Frieden glücklich sein. Der einzelne darf das Leben genießen und hat zugleich die Pflicht, seinen persönlichen Beitrag zu leisten zur Erhaltung, zur Förderung des Lebens.
Einmal kommt für jeden die Zeit, da er nicht mehr viel beitragen kann, da er nur noch genießen darf, da er seinen Platz an andere abtreten muß, schließlich für immer. Wir kommen nicht darum herum. Was weitergeht, ist das Leben.

Manfred Mezger
Der unbekannte Tod

I

Kleine Verwunderung

»Wir wissen, daß wir sterben müssen.« Wissen wir's? Anscheinend nicht. Die abendländisch-bürgerliche Christenheit ist in den Tod Jesu hineingetauft; sie hat die Bibel, den Katechismus, das Gesangbuch, hört die Predigt, steht an Gräbern und betet, nicht selten, die Worte mit: »Lehre uns bedenken, daß wir sterben müssen, auf daß wir klug werden.« Stirbt aber jemand in Familie, Verwandtschaft oder Freundschaft, so hebt ein Klagen und Jammern an, als wäre der Tod eine böswillige Erfindung von vorgestern. Auf dem Friedhof sammelt sich eine Trauer-Mauer um den Sarg, stumm und starr; und der Pfarrer, der auf den Gedanken kommt, das Lied singen zu lassen: »Christ ist erstanden«, darf ein Solo singen und nachher hören, solcher Einfall sei eine Zumutung. Man verzeihe unsere Verwunderung; sie hat den Vorzug, berechtigt zu sein. Was die Christenheit, fern vom Grab, sagt und singt, ist großartig. »Der Tod ist verschlungen in den Sieg; er ist zum Spott geworden; Christus, der ist mein Leben / Sterben ist mein Gewinn.« Aber sagen und tun ist weit voneinander. Völlig unerwartet, heißt es in der Traueranzeige, sei der Entschlafene aus dem Leben gerissen worden. Und sogar nach langem Leiden sei sein Hinscheiden »unfaßbar«. Wie denn? War da nichts vorauszusehen? Konnte niemand ahnen, daß der klar diagnostizierte Krebs sein schicksalhaftes Ende finden werde? Wir ehren den Schmerz der Trennung, denn es ist allemal ein Unterschied, vom Sterben reden und das Sterben erfahren. Aber woher diese Zwiespältigkeit von Glauben und Leben: das Sterben fromm im Munde zu führen und im Alltag zu tun, als gäbe es so etwas nicht? Man wundert sich. Was wissen wir vom Tod? Nichts, weil wir ihn nicht kennen; und wenn wir tot sind, gibt's nichts mehr zu wissen. Vom Sterben wissen wir viel: aus Anschauung, Miterleben, Angst und Erinnerung. Ja, von allem, was unserer Erkenntnis zugänglich ist im Horizont der Zukunft, ist das Sterben das einzige, absolut Sichere. Sollte es – vom Glauben noch gar nicht zu reden – nicht ein Gebot des einfachen Menschenverstandes sein, den sichersten Faktor in unsere Existenz einzukalkulieren? Man sollte es meinen. Wer das Sterben übersieht oder meint, darüber zunächst wegsehen zu können, übersieht die sicherste Tatsache der Welt. Wie lebt er also? In den Tag hinein. Das geht so reihum, als vereinbarte Harmlosigkeit. Man wundert sich.

II

Sachliche Besinnung

Es gab andere Zeiten. Da hatten die Menschen unserer Zonen das Sterben gegenwärtig. Die Medizin war nicht auf heutigem Stand; Seuchen entvölkerten im Nu ein Land; von zehn Neugeborenen trug man sechs zu Grabe; und da es Kriege gab wie Operetten, brannten Dörfer und Städte in einem Jahrhundert dreimal nieder. Damals gab es »eine Gattung von Schriften, die es heute trotz unseres vielen Bücherschreibens so gut wie nicht mehr gibt: Ars moriendi, Sterbekunst genannt« (H. Bornkamm, Luthers geistige Welt, 114). Wir wissen zwar (oder könnten es wissen), daß wir sterben müssen, daß aber Sterben »etwas ist, was ein Können erfordert«, ist unbekannt. Selbst wenn wir daran denken – davon reden läßt man sich verboten sein. Dabei bedarf's geringen Scharfsinns, zu merken »daß Sterbekunst und wahre Lebenskunst zusammenhängen und eigentlich von keiner allein gesprochen werden kann, ohne der anderen zu gedenken« (ders. ebda). Nicht nur in christlichen Erbauungsbüchern, erst recht in heidnischen Weisheitsschriften des Altertums lesen wir: Wer lebt ohne Gedanken ans Sterben, ist lebendig tot; wer das Sterben ins Leben einbezieht, lebt bewußt. Sterbegewißheit ist, freilich ein bißchen anders als im Kirchenlied, Lebensgewinn, weil Gefühl und Bewußtsein des Lebens vor dem klar erschauten Hintergrund der Vergänglichkeit doppelt stark werden. Heißt das – diese Verdächtigung ist immer schnell zur Stelle –: »Lasset uns essen und trinken, denn morgen sind wir tot«? Keine Rede. Es heißt, den Tag nützen, seine Zeit verantworten (denn sie ist geliehen, nicht verfügbar) und dem erfüllten Augenblick danken. Es war kein Leichtsinniger, es war ein Schwerblütiger, der seine vielleicht schon bald erlöschenden Augen ermunterte: »Doch *noch* wandl' ich auf dem Abendfeld / nur dem sinkenden Gestirn gesellt / Trinkt, o Augen, was die Wimper hält / von dem gold'nen Überfluß der Welt.« Die unbewußt todverschreckte Christenheit wäre tiefer, freier, kindlicher fröhlich, nicht so versessen auf lärmenden Blödsinn, wenn sie des Lebens bemessene Frist und sicheres Ende ruhig bedenken wollte. Leicht zu haben ist das nicht; aber schwer zu lernen auch nicht. Große Philosophen, aber sie nicht allein, gewannen ihre Gelassenheit aus der Freundschaft mit dem Tod; heiter stiegen sie ins Grab: Was war schon an ihnen sterblich? Wir brauchen sie nicht darum zu beneiden; wir können das auf unsere Art auch haben. Wer getauft wird, stirbt seinen Tod voraus, kann also im Sterben sagen: »Das ist schon überstanden; ich muß mich nicht fürchten.« Schade, daß man in Taufpredigten nichts davon hört.

III

Strenge Prüfung

Jetzt geht es aber über uns her: »Oberflächlichkeit, Schönfärberei, Vernebelung! Leiden ist Qual, Sterben schrecklich, und der Tod alles andere als natürlich. Warte bloß, bis du selber an der Reihe bist, da wird dir deine Gedankenspielerei schon vergehen!« Eifriger Kritikus, woher weißt du, daß mein Leben nie am Fädlein hing? Daß der Tod mir nie nahe war? Man kann es in ruhiger Zeit lernen – wir lernten's im Krieg: »Die nächste trifft mich!« Wir hatten Angst; wer es leugnet, lügt. Aber zappeln und nervös sein hätte alles nur verschlimmert. Man wurde die Gefahr keineswegs gewöhnt; aber man wurde ruhiger und dadurch wachsamer. Man hatte immer noch die Sekundenfrist, dem Herzen zu sagen: »Wennschon, dann wenigstens gefaßt!« Das ist aufs Haar das gleiche wie im Lied: »Hat Er es denn beschlossen, / so will ich unverdrossen / an mein Verhängnis gehen!« Warum ist es oberflächlich und schöngefärbt, wenn man annimmt, was einem bestimmt ist? Was soll das zwar begreifliche, aber sinnlose Widerstreben gegen die Macht, der wir nun einmal unterworfen sind? Man kennt das hintergründige Interesse an der Todesangst; sie ist der Zutreiber der Tyrannen. Und ausgerechnet in der Christenheit wird es am meisten verübelt, wenn einer sich weigert, die obligate Pflichtübung apokalyptischer Schauer zu leisten. Es war einer der empfindlichsten unter den Meistern der Sprache (R. M. Rilke), der sich durch Drohungen, auch durch biblische, nicht imponieren ließ: »Gnade im Gerichte? Danke, ich verzichte.« Zweitausend Jahre lehrhafter Tradition haben es fertiggebracht, die absurde mythologische Sentenz »Der Tod ist der Sünde Sold« ins Denken einzugravieren, als wäre ein Postulat schon ein Argument. Woran stirbt denn das Tier? An seiner Sünde? Ist hier, bei dem ansonsten so scharfsinnigen Apostel, auch nur *eine* Folgerung zu Ende gedacht? Spielen wir den Fall durch: Es wäre kein Tod in der Welt; wie sähe unser Globus aus, wenn alles, was je zum Leben kam, seit Adam unsterblich durch die Gegend liefe? Wir hätten nicht einmal zum Stehen Raum und müßten den Tod erfinden, um Platz zu schaffen. Zeitlichkeit – es könnte sich inzwischen herumgesprochen haben – ist keine Strafe, sondern eine gütige Grenze. Daß diese Grenze selten ohne Leiden und schmerzlichen Verfall erreicht wird, spricht nicht dagegen. Das Tier verkriecht sich und macht sein Ende in der Stille ab; nur der Mensch, mit Reflexion begabt, kann spekulieren: »Es tut so weh, und ich gehe so ungern; das wird wohl Strafe für die Sünden sein.« Die kommt etwas früher; keine Sorge! »Alles endet, was entstehet.« Das ist innewohnendes Gesetz der Kreatur. Frühere Zeiten haben anders gedacht. Wir denken so. Die für Dogmen verschwendete Kraft kommt der Willigkeit des Sterbens zugute. Ewiges Leben, nur als Fortsetzung unseres Daseins verstanden, aber ohne Krankheit und Hunger, ist Verurteilung zum Tod durch Langeweile. Leben anzufangen ist Freude (auch nicht immer); ans Lebensziel zu kommen, ist Glück. Was dazwischen liegt, auf das kommt's an. Fragt gesunde Neunzigjährige, ob sie ihr hohes Alter bejubeln. Sie sehnen sich nach dem Abschied.

Also liegt, auch in dieser Frage, die Wahrheit in der Mitte; nicht in der Mittelmäßigkeit. Nämlich: jung zerstörtes, früh erloschenes Leben wird mit Recht beklagt, weil es nicht zur Reife kam. Hier scheint uns das Sterben alles andere als natürlich zu sein. Auch ein Leben, auf das andere Menschen zu ihrem Wohl schlechterdings angewiesen sind, bleibt durch zu frühen Tod unerfüllt. Kommt aber der Tod zu dem, der »alt und lebenssatt« ist, so ist er Freund und Erlöser, weckt Liebe und Dank für das Geschenk dieses Lebens und läßt keinen Raum fürs Lamento. Die Pro-forma-Trauer, die man jedem, aber auch jedem Sterben vermeintlich schuldet, ist ebenso peinlich wie überflüssig. Wenn Christen das glaubten, was sie fortgesetzt beteuern, wäre ihr Abschied von der Welt, wie bei Martin Luther und Johann Sebastian Bach, ein Freudentag. Aber man gilt für nicht ganz normal, wenn man so spricht.

IV

Neue Hoffnung

Worin liegt sie? In Vorstellungen und Bildern der Bibel, die – wer wird's bestreiten? – sehr schön und für etliche (ganz wenige) Menschen tröstlich sind? Man kann sie heute nur dann als Sterbenshilfe ausgeben, wenn man sich und andere zu antiken Menschen macht; denn der Himmel als Ort steht und fällt mit dem dreistöckigen Weltbild, das erledigt ist. Ob man ihn räumlich-wörtlich nimmt oder geistig-übertragen: damit ist nichts mehr anzufangen. Und daß, im Ernstfall, die ohne Zweifel früher einmal wundervolle Überwelt christlicher Jenseitssehnsucht nichts vermag, beweisen die Christen höchstselbst: Sie wollen ganz und gar nicht dorthin, und sie haben in den weitaus meisten Fällen eine Sterbensangst, wie nur jemals Heiden – sie *nicht* gehabt haben. Wer lange genug Pfarrer war, wird es beschämt gestehen. Aber verteidigt wird diese Überwelt mit Klauen und Zähnen. Wir würden sie nicht so scharf ablehnen, wenn sie ästhetisches Privatvergnügen wäre, aber sie stiftet immer neuen Schaden. Sie ermöglicht die Flucht nach vorn, hinaus aus dieser »argen, falschen Welt«, für die zu arbeiten und die zu verändern sich nicht so recht lohnt. Sie geht ja doch bald »unter« (wo hinunter eigentlich?). Und sie liefert das Alibi für die himmelschreiende Ungerechtigkeit in »christlichen« Ländern (von andern nicht zu reden), an der man »ja doch nichts ändern kann; Gerechtigkeit und Frieden wird's erst auf der ›neuen Erde‹ geben«. Willkommene Ideologie, um diejenigen (und das sind ja nicht ganz wenige) abzuspeisen, denen wir ein menschenwürdiges Dasein schuldig geblieben sind. Daß jedes hier gesagte Wort wahr ist, zeigt sich an der wütenden Reaktion der Buchstabengläubigen, die sich bei der zynischen Herzlosigkeit ihrer egoistischen Träume ertappt sehen. Als ob wir zu stumpf, zu phantasielos wären, die Bilder, Lieder und hinreißend herrliche Musik über »Jerusalem, du hochgebaute Stadt« zu verstehen. Wir verstehen sie sehr wohl, sogar wesentlich besser als unsere Ketzerrichter. Aber wir nehmen sie nicht mehr unkritisch, weil das unwahrhaftig ist. Luther und Bach und Paul Gerhardt haben das alles wirklich geglaubt und aus solchem unerschütterten Glauben (wiewohl er angefochtener Glaube war) ihre Zuversicht und Freudigkeit gewonnen. Aber die Christenheit heute *vermeint* nur, in solchem Glauben zu stehen; in Wirklichkeit spielen alle diese Bilder und Vorstellungen bei ihrem Handeln nicht die geringste Rolle. »Christen unterscheiden sich von Nichtchristen, hinsichtlich ihrer Sünden, nur in der Geschmacksrichtung« (A. Görres). Deshalb glauben wir den Gläubigkeitseiferern nicht, daß sie das glauben, denn es wird bei uns nicht weniger gelogen, gestohlen, gequält, gemordet und verleumdet als anderswo. Wir können neue Hoffnung, verantwortungsbewußtes Leben nur gewinnen und gestalten, wenn wir neue Gewißheit der Todesüberwindung, bessere Kraft der Sterbensbereitschaft, mit Klarheit und Einfachheit, in neuer Sprache sagen und bestätigen können. Das ist freilich ein wenig schwieriger, als mit alten Formeln hantieren.

Das Evangelium selbst gibt solche Kraft und Gewißheit; man darf es aber nicht auf seine kindlichen, sondern man muß es auf seine kühnsten Sätze befragen. Die sind allemal dort zu finden, wo – bei vollem Ernstnehmen des Sterbens – der Tod nicht mehr ernst genommen wird. Wir brauchen, um das nicht nur nachzusprechen, sondern nachzuleben, die Bilder und Vorstellungen des Neuen Testaments gerade nicht; sie stören – nicht unsre Vernunft, sondern unseren Glauben, der sich, ohne Stützen und Krücken, ans Wort Jesu hält: »Wer mein Wort hört und glaubt dem, der mich gesandt hat, der *hat* schon das ewige Leben; er kommt nicht ins Gericht, sondern er hat – und nun wörtlich! – den Übergang vom Tod zum Leben bereits vollzogen.« So ist das Leben, jetzt, hier, auf dieser Welt, trotz seiner augenscheinlichen Brüchigkeit, Fehlsamkeit und Begrenztheit, total verwandelt (die Theologie sagt: radikal anders qualifiziert); das drückt sich aus im Widerspruch. Die trostlose Welt ist liebenswerte Welt – nicht, weil dahinter eine schönere erscheint, sondern weil sich's lohnt, sie zu verändern. Die Menschen sind zum Verzweifeln schlimm; aber wer glaubt, verzweifelt nicht, sondern er siegt über Grausamkeit und Niedertracht, weil Einer sein Leben für Unwürdige in die Schanze schlug. Die Zukunft ist düster; aber sie wird hell – nicht, weil der Jüngste Tag kommt, sondern weil Jesu Sache recht behält und die Gespenster der Panikmacher vertreibt. »Wir wissen, daß wir sterben müssen«; keiner weiß, wann; jeder weiß, daß –. Wir behaupten nicht, daß wir mit Heldenpose abgehen. Aber ob schwach oder stark, mit Seufzen oder mit Lächeln: unser innerster Wille wird nicht Widerwille, sondern Bereitschaft sein, Vorfreude auf völlige Gemeinschaft mit Ihm. »Memento mori!« grüßt der Trappist. »Na, wenn schon!« antwortet der Glaube.

Die Autoren

Professor Dr. Dr. Günter Altner, Biologe, Theologe
Horst Bannach, Pfarrer
Rudolf Braunburg, Flugkapitän DLH
Dr. Armin Volkmar Bauer, Pfarrer
Heinz Beckmann, Journalist
Christine Brückner, Schriftstellerin
Ruth Dirx, Pädagogin
Dr. Ingeborg Drewitz, Schriftstellerin
Luiselotte Enderle-Kästner, Schriftstellerin
Professor Elisabeth Flickenschildt, Schauspielerin
Walter Helmut Fritz, Schriftsteller
Professor Dr. Hans-Georg Gadamer, Philosoph
Simon Gerbert, Schriftsteller
Hans-Jürgen Heise, Schriftsteller
Hadayatullah Hübsch, Schriftsteller
Professor Dr. Robert Jungk, Publizist
Jürg Kleemann, Pfarrer
Heinz-Dieter Knigge, Pfarrer
Professor D. Adolf Köberle, Theologe
Professor Dr. Eugen Kogon, Politologe
Karl Krolow, Schriftsteller
Theo Krummenacher-Zulauf, Pfarrer
Otto-Heinrich Kühner, Schriftsteller
Dr. Paul Konrad Kurz, Schriftsteller
Reimar Lenz, Schriftsteller
Walter Leopold, Pfarrer
Ernst Gottfried Mahrenholz, Niedersächsischer Kultusminister
Kurt Marti, Pfarrer
Dr. Hisako Matsubara, Schriftstellerin
Hans May, Pfarrer
Professor D. Dr. Manfred Mezger, Theologe

Jens Rehn, Schriftsteller
Luise Rinser, Schriftstellerin
Professor Dr. Dr. Fritz Joachim von Rintelen, Philosoph
Professor Dr. Günter Rohrmoser, Philosoph
Dr. Winfried Rorarius, Neurologe, Psychiater
Herbert Rosendorfer, Jurist
Wolfdietrich Schnurre, Schriftsteller
Professor Oscar Fritz Schuh, Regisseur
Dr. Paul Schulz, Pfarrer
Dieter Schupp, Pfarrer
Dr. Olaf Schwencke, MdB
Johannes Seiß, Pfarrer
Leona Siebenschön, Journalistin
Vilma Sturm, Journalistin
Dr. Gerhard Szczesny, Publizist
Professor Dr. Marie Veit, Theologin
Rudolf Otto Wiemer, Schriftsteller
Eva Zeller, Schriftstellerin
Annemarie Zornack, Schriftstellerin